# Piri 4

Heimat- und Sachunterricht

Erarbeitet von
Renate Höhn
Silke Kühnert
Claudia Laur
Katharina von Maltzahn
Michael Otten
Ulrike Rathjen
Cordula Schmidt

Ernst Klett Verlag
Stuttgart · Leipzig

# So lernst du mit Piri Heimat- und Sachunterricht

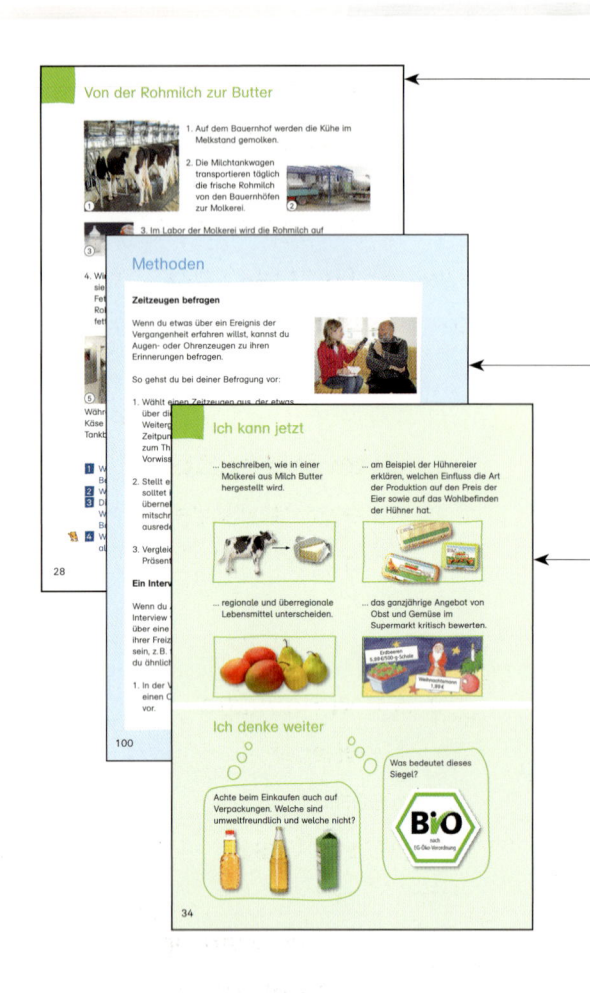

**Arbeitsseite**
Auf diesen Seiten erfährst du Interessantes zum Thema, beantwortest Fragen, führst Versuche durch oder stellst etwas her.

**Methodenseite**
Auf diesen Seiten am Ende des Buches kannst du das Lernen lernen.

**Kapitelende**
Auf diesen Seiten ist zusammengefasst, was du im Kapitel gelernt hast. Außerdem findest du spannende Fragen zum Weiterdenken

## Diese Symbole helfen dir:

Das sind Aufgaben zum Weiterdenken.

Seite 88 Hier findest du einen Verweis auf die **Methoden** hinten im Buch. Dort wird dir jede Methode genau erklärt.

Ich gebe dir Hinweise und Denkanstöße zum Thema der Seite.

**Tipp**
Hier findest du Tipps, die dir beim Lösen der Aufgaben helfen.

# Inhaltsverzeichnis

**1 Zusammenleben** — 5
Aufgaben und Ämter
in einer Gemeinde — 6
Streit um einen Spielplatz — 8
Alltag, Bräuche und Feste — 10
Ich kann jetzt — 12

**2 Arbeit verändert sich** — 13
Herstellung von Bekleidung
früher — 14
Herstellung von Bekleidung
heute — 16
Der Weg einer Jeans — 18
Ich kann jetzt — 20

**3 Bewusst entscheiden
und handeln** — 21
Im Supermarkt — 22
Umweltschutz und
Nachhaltigkeit — 24
Ich kann jetzt — 26

**4 Produkte aus
nah und fern** — 27
Von der Rohmilch zur Butter — 28
Ei ist nicht gleich Ei — 30
Regionales Gemüse
im Jahreslauf — 32
Überregionale Lebensmittel — 33
Ich kann jetzt — 34

**5 Aus Geschichte lernen** — 35
Ein Zeitabschnitt aus
unserem Heimatort — 36
Denkmäler als Quellen — 38
Historische Feste in Bayern — 39
Ich kann jetzt — 40

**6 Bauen und Konstruieren** — 41
Gleichgewicht halten — 42
Balancegeräte bauen — 44
Ich kann jetzt — 46

**7 Gewässer** — 47
Tiere und Pflanzen
am Gewässer — 48
Die Seerose — 50
Die Wasserlinse — 51
Der Frosch — 52
Die Krötenwanderung — 54
Die Renaturierung –
eine Maßnahme zum
Gewässerschutz — 55
Ich kann jetzt — 56

**8 Gefühle, Wohlbefinden
und Gesundheit** — 57
Mädchen und Jungen — 58
Sich selbst und andere
schön finden — 60
Du bestimmst über dich — 62
Trau dich – vertrau dir — 63
Erste Hilfe leisten — 64
Ich kann jetzt — 66

## 9 Wasser — 67

Fragen zum Wasser — 68
Der Wasserkreislauf — 70
Wasser zum Leben — 72
Wasserverschmutzung — 74
Ich kann jetzt — 76

## 10 Karten lesen und verstehen — 77

Kartenzeichen lesen — 78
Höhen darstellen — 79
Der Maßstab — 80
Entfernungen bestimmen — 81
Naturpark Fichtelgebirge – Tourismusregion in Nordbayern — 82
Die Fichtelgebirgsautobahn – ein umstrittenes Projekt — 83
Landschaftsformen in Deutschland — 84
Bundesländer in Deutschland — 85
Europa – ein Kontinent — 86
Kontinente der Erde — 87
Ich kann jetzt — 88

## 11 Mobil sein — 89

Zeichen regeln den Straßenverkehr — 90
Sicher im Straßenverkehr — 91
Rechts vor links — 93
Vorfahrtregelung durch Verkehrszeichen — 94
Ampeln und Polizisten regeln die Vorfahrt — 95
Links abbiegen — 96
Der tote Winkel — 97
Ich kann jetzt — 98

## Methoden — 99

## Stichwortverzeichnis — 107

# 1 Zusammenleben

---

Der Bürgermeister gibt bekannt:

Nächste Bürgersprechstunde unseres Bürgermeisters am kommenden Mittwoch von 16 bis 18 Uhr im Rathaus

in Zimmer B 007

---

**Gibt es einen neuen Spielplatz am Neubaugebiet?**

Die Stadt hat drei neue Wohnkomplexe gebaut und legt für die Kinder einen Spielplatz an. Das klingt nicht nach einem Streitthema, ist es aber anscheinend doch …

---

**Die Grundschule Schulstraße lädt ein!**

Im Anschluss an unsere Projektwoche lädt die Grundschule an der Schulstraße zum „Fest der Kulturen" ein.

**Wann?** Freitag, 14 bis 17 Uhr
**Wer?** eingeladen sind alle
**Was?** interkulturelles Show-Kochen, Lesungen von Märchen aus 1001 Nacht, kleine Sprachkurse (Polnisch, Italienisch und Rumänisch), Bühnenprogramm mit Musik
**Wozu?** um andere Kulturen, Gewohnheiten und Bräuche kennenzulernen

# Aufgaben und Ämter in einer Gemeinde

**Aufgaben in einer Gemeinde**

Jeder von uns wohnt in einer Gemeinde. Man kann auch Kommune sagen. Das kann ein Dorf oder eine Stadt sein. Die Gemeinde hat Aufgaben, zu denen sie verpflichtet ist, z. B. die Müllbeseitigung. Eine einzelne Person könnte diese Aufgaben nicht schaffen. Es ist wichtig, dass diese Aufgaben erfüllt werden, damit die Menschen eine gute Grundlage für ihr Leben haben. Gemeinden sind dem öffentlichen Wohl verpflichtet. Viele Gemeinden übernehmen auch freiwillige Aufgaben für die Gemeinschaft. Welche zusätzlichen Bereiche angeboten werden, hängt davon ab, wie viel Geld zur Verfügung steht und was eine Gemeinde für besonders wichtig hält.

1 Welche Aufgaben sind abgebildet? Beschreibe genau.
2 Um welche Aufgaben kümmert sich deine Gemeinde? Welche davon übernimmt sie freiwillig? Recherchiere.
3 Wieso sind diese Aufgaben gut für die Gemeinde? Begründe.

Seite 99

## Ämter in einer Gemeinde

In unserer Demokratie wählen wir Vertreterinnen und Vertreter, die Probleme der Gesellschaft lösen sollen und Einfluss auf politische Entscheidungen nehmen. Wahlen müssen allgemein, gleich, frei, unmittelbar und geheim sein.

Die Bürgerinnen und Bürger einer Gemeinde wählen mehrere Personen in den Gemeinderat, der ihre Interessen vertritt. In Städten heißt dieser Stadtrat. Der Gemeinde- oder Stadtrat wählt aus seinem Kreis eine Bürgermeisterin oder einen Bürgermeister als Oberhaupt. Manchmal wird dieses Amt auch direkt von den Bürgerinnen und Bürgern gewählt. Der Gemeinderat trifft sich zu Sitzungen und beschließt dort z. B., wie die Aufgaben der Gemeinde erfüllt werden sollen.

> Wenn jemand ein Amt hat, übernimmt diese Person bestimmte Aufgaben, die sie für andere Menschen erledigt (z. B. eine Polizeibeamtin, ein Gemeinderatsmitglied oder ein Bürgermeister).

**4** Was macht der Gemeinde- und Stadtrat? Recherchiere mit deinem Partner. *(Seite 99)*

**5** Wahlen müssen allgemein, gleich, frei, unmittelbar und geheim sein. Was bedeuten die einzelnen Punkte? Tausche dich mit deinem Partner aus.

**6** Besucht ein Mitglied aus dem Gemeinde- oder Stadtrat und führt ein Interview. Ihr könnt auch die Bürgermeisterin oder den Bürgermeister auswählen. Sammelt eure Fragen, bereitet das Interview gut vor und wertet es anschließend aus. *(Seite 100)*

# Streit um einen Spielplatz

## Nun doch kein Spielplatz?

Vor einigen Wochen hatte der Gemeinderat Kinder, Eltern und andere Anwohner befragt, was mit einer freien Fläche in ihrem Ort passieren soll. Die große Mehrheit hat sich für den Bau eines Spielplatzes ausgesprochen. Nun soll dieser auf einmal trotzdem nicht gebaut werden. Wie kommt es dazu?

Im Gemeinderat gibt es unterschiedliche Meinungen: Einige Mitglieder sind dafür, Geld einzusparen und nicht zu bauen. Andere wiederum finden, dass der Platz nicht nur für Kinder, sondern für alle nutzbar sein sollte. So wollen sie nun eine Freizeit- und Begegnungsfläche für Kinder und Erwachsene, allerdings ohne Spielgeräte. Die Bürgermeisterin will an dieser Stelle auch keinen Spielplatz, weil es dort zu viel Verkehr gibt, der das Spielen unsicher macht. Ein Elternvertreter sagte enttäuscht: „Wie können sich Kinder ernst genommen fühlen, wenn es jetzt keinen Spielplatz gibt?"

Eine Einigung scheint so schnell nicht in Sicht …

1 Worin besteht der Streit? Erkläre.
2 Wer nimmt welchen Standpunkt ein? Ordne jede Meinung zu.
3 Sammelt weitere Gründe für jede der beteiligten Gruppen, die über den Text hinausgehen.

4 Was kann man tun, um zu einer Einigung zu kommen?
5 Was kannst du als Kind tun, um deine Interessen durchzusetzen?
6 Welche Rechte von Kindern sind in diesem Fall betroffen? Begründe.

# Alltag, Bräuche und Feste

„Tag der Deutschen Einheit am 3. Oktober"

Feiertag der Republik am 29. Oktober (Cumhuriyet Bayrami)

Tag der Republik am 2. Juni (Festa della Repubblica)

**1** Um welche Bereiche des Zusammenlebens geht es auf den Bildern? Beschreibe die Zeichnungen genau.
**2** Welche Verhaltensweisen kennst du? Woher?
**3** Welche Speisen magst du?
**4** Welche Kleidung trägst du gerne?

**5** Welche Gemeinsamkeiten erkennst du? Welche Unterschiede erkennst du?

**6** Bestimmte Verhaltensweisen, Gewohnheiten und Bräuche sind für manche Menschen üblich, andere eher nicht. Sind Verhaltensweisen auf bestimmte Länder und Nationalitäten festgelegt? Begründe.

Als Brauch bezeichnet man eine Gewohnheit, die innerhalb einer Gemeinschaft entstanden ist. Manchmal wird dafür auch der Begriff Tradition verwendet.

## Ich kann jetzt

... Aufgaben und Ämter in einer Gemeinde beschreiben.

... die Interessen von unterschiedlichen Menschen/ Gruppen nachvollziehen.

... erklären, wie in einer Demokratie Entscheidungen getroffen werden.

... Gemeinsamkeiten und Unterschiede im Alltag von Menschen vergleichen.

## Ich denke weiter

Was kann man tun, um eigene Interessen in einer Demokratie umzusetzen?

Stimmt, dein Vorschlag ist prima.

Wenn wir das so machen, sparen wir Geld.

Was bedeutet der Begriff Vorurteil?
Wieso gibt es Vorurteile?

Mädchen können nicht Fußball spielen.

# 2 Arbeit verändert sich

Papa bei der Arbeit

**Preisknüller:**
Kinderjeans nur
**19,95** Euro!
TOP Qualität
neuester Trend!
Nur solange der Vorrat reicht! Angebot gültig bis 31.03.

**Bäckerei Körner** — Wir backen noch in Handarbeit:
**Sauerteigbrote nach Großmutters Rezept aus dem Holzofen.**
ohne Konservierungsstoffe
garantierte Herkunft der Zutaten
Jedes Brot (750 g) für **4,99 Euro**
Kommen Sie vorbei: Dorfstraße 12, Dörfstädt, Mo.-Fr. 7-18 Uhr, Sa. 7-11 Uhr
seit 1923 Innungsbetrieb

# Herstellung von Bekleidung früher

Bis circa 1830 wurde Bekleidung mühsam in Handarbeit hergestellt. Dazu gehörten viele Arbeitsschritte: Zunächst musste der Stoff hergestellt werden. Dafür wurden Fäden zu einem Stoff gewebt. Sollte dieser Stoff farbig sein, musste er auch noch gefärbt werden.

Der fertige Stoff konnte nun von einem Schneider verarbeitet werden. Dieser schnitt die Stoffe zu und nähte die verschiedenen Teile zu einem Kleidungsstück zusammen.

Schneiderwerkstatt

Im 19. Jahrhundert löste zunehmend Fabrikarbeit, die mithilfe von Maschinen durchgeführt wurde, die Handarbeit ab. Möglich wurde dies durch die sogenannte Industrialisierung. Während dieser Zeit gab es große technische Fortschritte. Es wurden viele Maschinen erfunden und entwickelt.

Vor allem die Dampfmaschine trug maßgeblich dazu bei. Sie wurde 1712 von Thomas Newcomen erfunden und von James Watt weiterentwickelt. Er bekam 1769 das Patent dafür.

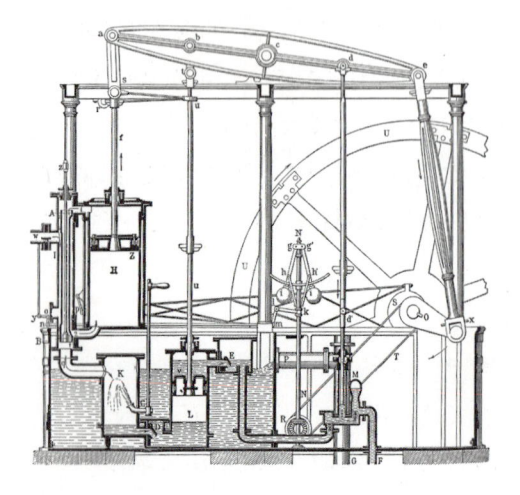

Dank der Dampfmaschine wurde es möglich, z. B. Webstühle mechanisch zu betreiben. Dadurch konnte auch die Produktionsmenge erhöht werden. Eine Maschine kann viel schneller und länger arbeiten als ein Mensch. Und so wurden immer mehr Maschinen und Fabriken gebaut.

Dampfmaschine

Mit der Erfindung der Nähmaschine um 1830 wurde die Herstellung von Bekleidung für die Menschen einfacher, weil man die zugeschnittenen Stoffteile schneller zusammennähen konnte. 1846 erfand Elias Howe die Doppelsteppstich-Nähmaschine, mit der die Näharbeit von vier bis sechs Handnähern ersetzt werden konnte.

Dennoch mussten viele Arbeitsschritte immer noch von Hand gemacht werden, z. B. das Zuschneiden des Stoffes oder das Annähen von Knöpfen.

Nähwerkstatt

Durch den Bau von Eisenbahnen und den Ausbau des Eisenbahnnetzes im Rahmen der Industrialisierung konnten Rohstoffe und Waren schneller und kostengünstiger transportiert werden.

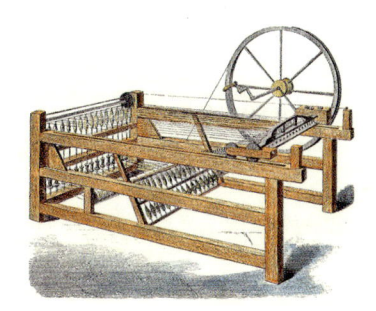

Spinnmaschine 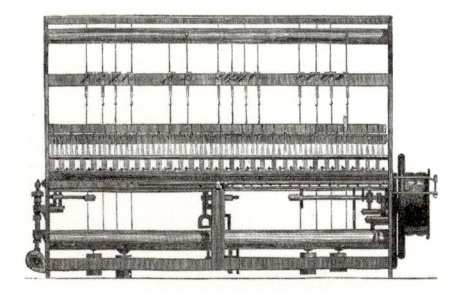                Maschinenwebstuhl

Auch andere Erfindungen wie die industrielle Spinnmaschine von James Hargreaves (1764) und der Maschinenwebstuhl von Edmund Cartwright (1785) waren wichtig für den Prozess der Industrialisierung.
Mit der Industrialisierung wurde es möglich, große Massen an verschiedenen Produkten relativ schnell zu produzieren. Dadurch wurden die Preise für die Waren viel niedriger.

1 Lies den Text und fasse ihn in eigenen Worten zusammen.
2 Warum war die Herstellung von Bekleidung so mühsam? Vermute.
3 Überlege und beschreibe, was die Erfindung der Nähmaschine für die Handnäher bedeutete. Nenne die Vor- und Nachteile.
4 Warum war der Beruf des Schneiders früher ein sehr angesehener Beruf?

Seite 101

## Herstellung von Bekleidung heute

Heute kann Bekleidung schnell und in großen Mengen hergestellt werden. Möglich wurde dies durch die Industrialisierung im 19. Jahrhundert. Aus Manufakturen, also Betrieben, in denen vorwiegend kleine Mengen von Hand produziert wurden, entstanden Fabriken. Die Stoffherstellung wurde auch zur Industrie und bekam durch die rasche Entwicklung der chemischen Industrie zusätzlichen Schub. In der chemischen Industrie wurden Farben und künstliche Fasern hergestellt.

Für den Ersten und Zweiten Weltkrieg im 20. Jahrhundert mussten viele Uniformen hergestellt werden. Dies geschah in der sogenannten Massenproduktion. Unter Massenproduktion versteht man die Herstellung von großen Mengen gleicher Produkte, z. B. Hosen. Dabei fertigt eine Person nicht die ganze Hose, sondern näht z. B. nur die Taschen an, während eine andere Person nur die Knöpfe befestigt. Maschinen unterstützen diese Form der Produktion, sodass wenige Menschen gebraucht werden, um z. B. viele Hosen herzustellen.

Nähhalle in China

Nach den Weltkriegen wurde durch die Massenproduktion auch zunehmend „normale" Bekleidung zum Massenprodukt.

In den späten 1960er-Jahren wurde die Produktion von Bekleidung in Deutschland zu teuer, weil die Arbeiter mehr Geld verdienten. Deshalb wurde Bekleidung immer mehr im Ausland produziert, weil dort die Löhne der Arbeiter niedriger waren, sodass viele Arbeitsplätze in Deutschland verloren gingen. Das betraf vor allem Näherinnen.

Heute wird in Deutschland nur noch wenig Bekleidung in Massenproduktion hergestellt. Die Textilindustrie hat sich spezialisiert: auf Mode mit sehr hoher Qualität und auf die Herstellung von Spezialgeweben.
Spezialgewebe können z. B. Kuscheltierfelle oder Schutzkleidung für Feuerwehrleute sein.

Die Entwicklung von der reinen Handarbeit zur Massenproduktion hat sowohl Vor- als auch Nachteile: Bekleidung kann schnell und kostengünstig produziert werden, sodass sie sich jeder leisten kann.
Durch den zunehmenden Einsatz von Maschinen verloren aber viele Menschen ihre Arbeit, weil ihre Tätigkeit von Maschinen ersetzt wurde. Heutzutage kommen Umweltprobleme hinzu, denn lange Zeit hat man sich nicht darum gekümmert, dass die Natur durch die schädlichen Stoffe der Industrie (z. B. die Bleichmittel) verschmutzt und verpestet wird.

**1** Vergleiche die Herstellung von Bekleidung früher und heute.
**2** Welche Auswirkungen hat Massenproduktion von Bekleidung auf
- den Menschen?
- die Umwelt?

Recherchiere.

**3** Welche weiteren Beispiele für die Produktion von Waren im Handwerk und in einer Fabrik findest du? Recherchiere.

Seite 99

Seite 99

# Der Weg einer Jeans

> 1) Die Baumwolle für den Jeansstoff wird in Indien von Hand oder mit der Maschine geerntet und anschließend in die Türkei versandt.

> 2) In der Türkei wird die Baumwolle zu Garn versponnen.

**1** Vollziehe den Weg der Jeans auf der Weltkarte nach und beschreibe ihn in eigenen Worten.

**2** Obwohl die Jeans so viele verschiedene Orte durchläuft, kann sie im Laden kostengünstig angeboten werden. Warum ist das so? Vermute und begründe.

Preisknüller: Kinderjeans ab 19,95 Euro!

18

3) In Taiwan wird das Baumwollgarn mit Indigofarbe aus Deutschland gefärbt. Indigo ist ein Farbstoff, mit dem das Garn tiefblau eingefärbt wird. Je dunkler die Färbung werden soll, umso mehr Chemikalien werden benötigt. Dann werden die Fasern mit Säure behandelt, um die Aufnahme der Farbe zu verbessern.

4) Aus dem gefärbten Garn werden in Polen die Stoffe gewebt. Die Stoffbahnen werden anschließend zugeschnitten: für die Hosenbeine, Hosentaschen, Gürtelschlaufen usw.

5) Das Innenfutter der Jeans sowie die Etiketten mit Wasch- und Bügelhinweisen kommen aus Frankreich, die Knöpfe und die Nieten aus Italien.

6) Alle Teile für die Jeans werden nach Mexiko geflogen. Dort werden sie von Näherinnen und Nähern an Nähmaschinen und in Handarbeit zusammengenäht.

7) In Griechenland erfolgt die Endverarbeitung mit Bimsstein: Die tiefblaue Jeans wird in einer großen Waschmaschine zusammen mit Bimssteinen gewaschen. Dadurch wird sie heller. Man bezeichnet diese Hosen als „stonewashed" (= mit Steinen gewaschen).

8) Die Jeans wird in Deutschland verkauft.

**4** Wenn die Jeans im Laden ankommt, hat sie bereits mehr als 50 000 km zurückgelegt. Das schadet unserer Umwelt. Warum? Besprich dich mit deinem Partner.

**5** Was passiert mit der Jeans, wenn sie nicht mehr getragen wird?

## Ich kann jetzt

... handwerkliche Fertigung mit industrieller Produktion vergleichen.

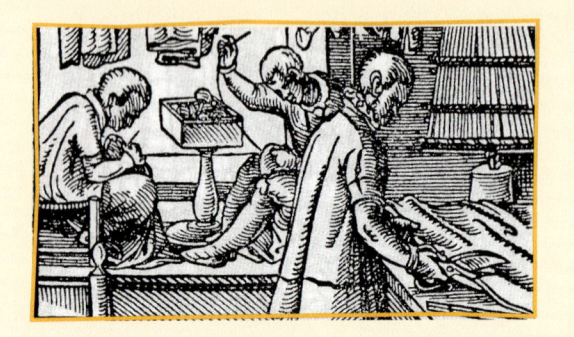

... die Auswirkungen der Massenproduktion auf Arbeitsprozesse und Menschen darstellen.

Wenn die Brötchen in der Fabrik hergestellt werden, dann ...

... bewerten, welche Auswirkungen die Massenproduktion von Waren auf den Umweltschutz und den Umgang mit Rohstoffen hat.

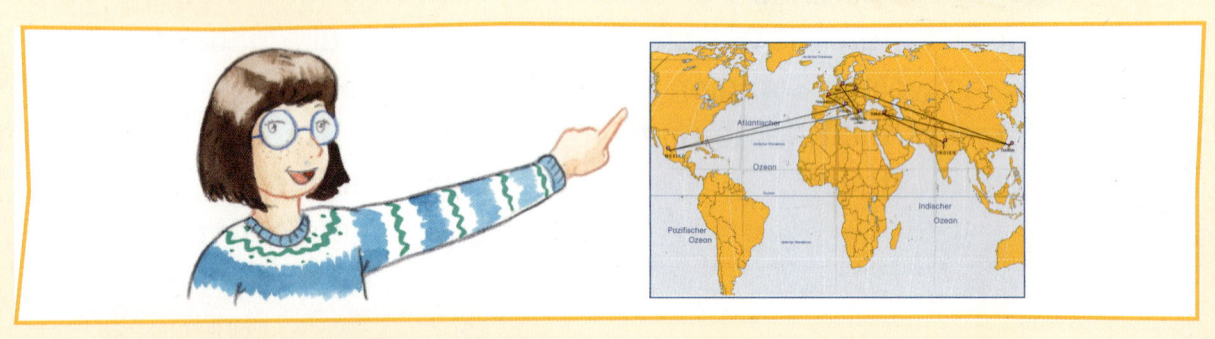

## Ich denke weiter

Es gibt sogenannte „fair produzierte" Kleidung. Was ist das? Warum wird sie so bezeichnet?

Was passiert mit der Kleidung, die in einen Altkleidercontainer geworfen wird?

# 3 Bewusst entscheiden und handeln

**Sonderaktion!**
Fußball-Sammelkarten
1 Paket geschenkt
KAUFE 3 BEZAHLE 2
DIESES ANGEBOT GILT BIS ZUM 31.12.

```
              LEERGUTBON
              Bon-Nr. 508649
Anz.  Bezeichnung          Pfand
            Mehrweg:
6 Flasche/n       0.08      0.48
            Einweg:
13 Flasche/n      0.25      3.25
```

**Müllsammelaktion in unserer Gemeinde**
**Unser Dorf räumt auf!**

Nächste Woche, am Freitagnachmittag, bittet unser Gemeinderat um Unterstützung.

**Treffpunkt:** 13.00 Uhr am Rathaus
**Dauer:** ca. 3 Stunden

Wer hat, kann Handschuhe, Müllsäcke und Zangen mitbringen. Wir zählen auf Sie!

Ihr Gemeinderat

Stadt Dörfstädt

# Im Supermarkt

1 Betrachte das Bild. An welchen Stellen entdeckst du Werbung, die den Kunden überzeugen will, Produkte zu kaufen?
2 Wie macht die Werbung den Kunden auf das Produkt aufmerksam?
3 Warum ist Werbung so erfolgreich? Erstelle eine Mindmap.

Seite 99

4 Wie kann sich das Kind entscheiden?
5 Worauf sollten Kinder achten, wenn sie etwas kaufen möchten?
6 Hast du schon einmal etwas gekauft, weil dich die Werbung davon überzeugt hat, das Produkt anzuschaffen? Berichte.
7 Wie ist Werbung gestaltet, die besonders Kinder ansprechen soll?

# Umweltschutz und Nachhaltigkeit

Diese Kinder schützen die Umwelt.

1  Erzähle zu den Bildern. Wie verhalten sich die Kinder?
2  Warum schützen die Kinder durch ihr Verhalten die Umwelt? Begründe.

Auch du kannst dabei helfen, unsere Umwelt zu schützen. Bei jeder Entscheidung, die du triffst, kannst du an deine Mitmenschen oder an die Tiere und Pflanzen denken. Auch sie müssen von den Rohstoffen leben, welche die Natur uns gibt, wie Holz oder Wasser. Die Menschen, die Holz verarbeiten, dürfen also nur so viele Bäume fällen, dass die Natur genügend Möglichkeiten hat, immer wieder neue Bäume wachsen zu lassen. Wenn du zu Hause duschst, anstatt ein Vollbad zu nehmen, kannst du Wasser sparen. Beachtest du bei deinen Entscheidungen die Beispiele, handelst du nachhaltig.

So kann ich die Umwelt schützen und nachhaltig handeln:

**Tipp**

Lege zuerst eine Mindmap an, in der du Tipps zum Umweltschutz sammelst. Nutze diese als Grundlage für dein Lernplakat.

**3** Was bedeutet es, nachhaltig zu handeln? Recherchiere.

Seite 99

**4** Welche weiteren Möglichkeiten kennst du, um unsere Umwelt zu schützen? Präsentiere die Ergebnisse auf einem Lernplakat.

Seite 105

## Ich kann jetzt

... benennen, was meine Entscheidungen beeinflusst, wenn ich etwas kaufe.

... begründen, warum ich mich für einen Kauf entscheide.

... bewusst handeln, um die Umwelt nachhaltig zu schützen.

## Ich denke weiter

In Kapitel 2 hast du über fair produzierte Kleidung nachgedacht. Bei welchen Produkten könntest du noch darauf achten, dass sie „fair" gehandelt werden?

Überlegt euch als Klasse eine Aktion, mit der ihr nachhaltig handelt.

# 4 Produkte aus nah und fern

**Kauf-Center**
- Litschi 3,90 €/kg
- Orangen 1,99 €/St.
- Mango 1,99 €/St.
- Bananen 1,49 €/kg
- Kiwi 0,39 €/St.
- Äpfel 2,49 €/kg

**BiO MARKT**

Kaufen Sie regional und saisonal beim Biomarkt!

Frisch vom Biobauern eingetroffen!

Ungespritze Äpfel, extra saftig für Kinder …

Bio-MARKT, Hauptraße 32, Dörfstädt

Am Donnerstag Besichtigung der Molkerei

Grüße vom Bauernhof!

# Von der Rohmilch zur Butter

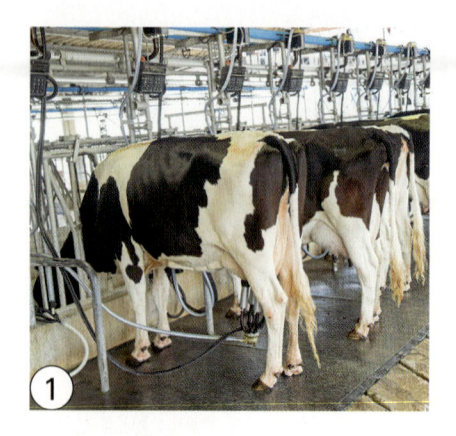

1. Auf dem Bauernhof werden die Kühe im Melkstand gemolken.

2. Die Milchtankwagen transportieren täglich die frische Rohmilch von den Bauernhöfen zur Molkerei.

3. Im Labor der Molkerei wird die Rohmilch auf ihre Frische, ihren Fettgehalt, Bakterien und Medikamentenrückstände untersucht.

4. Wird die Milch vom Labor freigegeben, kommt sie in die Zentrifuge. Dort werden die Fettteilchen von der Milch getrennt. Aus der Rohmilch entstehen so als Zwischenprodukte fettreicher Rahm und eiweißreiche Magermilch.

5. Der Rahm und die Magermilch werden kurz erhitzt, um alle restlichen Schmutzteilchen, Keime und Bakterien abzutöten. Man nennt diesen Vorgang auch Pasteurisieren.

Während aus der Magermilch anschließend Käse hergestellt wird, wird der Rahm in große Tankbehälter gefüllt.

> Auch Kühe bekommen manchmal Medikamente. Dann können sich Wirkstoffe der Medizin in der Kuhmilch anreichern, die für Menschen ungesund sind. Deshalb wird die Rohmilch auf Medikamentenrückstände untersucht.

**1** Wie wird aus Rohmilch Butter hergestellt? Beschreibe den Produktionsweg.
**2** Warum gibt es in einer Molkerei ein Labor?
**3** Die Molkerei produziert nicht nur Butter. Welche weiteren Produkte werden in diesem Betrieb hergestellt?
**4** Warum ist pasteurisierte Milch länger haltbar als unbehandelte Rohmilch?

6. Von den Tankbehältern aus kommt der Rahm in die Butterungsmaschine. Dort wird er 20 Minuten lang geschleudert. Danach wird Eiswasser hinzugefügt. Nun verklumpen die Fettteilchen zu Fettkörnern. Das Eiswasser kühlt außerdem die Fettmasse und macht sie geschmeidig. So entsteht aus den Fettteilchen des Rahms die Butter. Übrig bleibt als Nebenprodukt die flüssige Buttermilch.

7. Buttermilch und Butter werden getrennt. Die fertige Butter kommt in Buttersilos. Von dort aus gelangt sie in den Verpackungsbereich. Die Butter wird maschinell gewogen, portioniert und verpackt. Ein Fließband transportiert die fertig verpackte Butter zur Abpackmaschine. Dort wird sie in Kartons verpackt.

8. Die fertig verpackte Butter wird bis zur Auslieferung in einem Kühlraum gelagert. Es dauert meist nur wenige Stunden und höchstens einen Tag, bis die Butter z. B. an einen Supermarkt ausgeliefert wird.

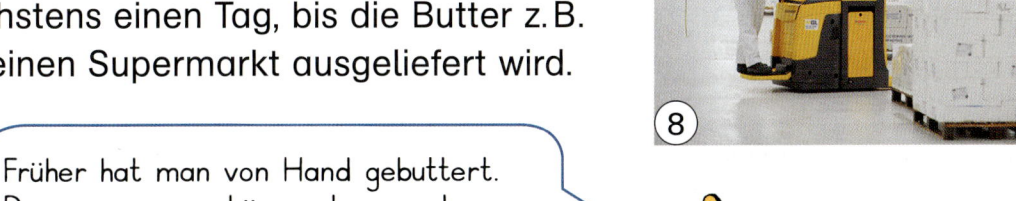

> Früher hat man von Hand gebuttert. Das war ganz schön anstrengend. Probiert es doch selbst einmal aus.

**5** Warum wird die Butter nach der Produktion nur kurz gelagert? Begründe.

**6** Welche Konsequenzen haben weite Transportwege und lange Kühlzeiten für die Umwelt?

**7** Erkundet selbst einen Betrieb in eurer Region. Welches Produkt wird dort hergestellt? Welcher Rohstoff wird dabei verarbeitet?

# Ei ist nicht gleich Ei

## Aussehen

Hühnereier unterscheiden sich auf den ersten Blick vor allem in ihrer Farbe und Größe. Es gibt meist braune und weiße Eier in den Größen S, M, L und XL.

## Herkunft

Bei genauerem Hinsehen fällt der Stempel (Erzeugercode) auf, welcher sich auf jedem Hühnerei befindet, das in Deutschland verkauft wird. Dieser aufgedruckte Code zeigt an, unter welchen Bedingungen, in welchem Land und sogar in welchem Betrieb das Ei entstanden ist.

1 Beschreibe das Aussehen der Hühnereier.
2 Untersuche den Stempel eines Eis mithilfe eines Eierkartons genauer. Finde heraus, wie und wo es produziert wurde.

Bodenhaltung

Käfighaltung

Freilandhaltung

**Produktion**

Hühnereier werden auf verschiedene Arten produziert. Man unterscheidet Biohaltung (Freilandhaltung und ökologisches Futter), Freilandhaltung, Bodenhaltung und Käfighaltung. Um viele Eier produzieren zu können, werden viele Tiere gezüchtet. Die Unterbringung der Hühner passt hierbei nicht immer zu den natürlichen Bedürfnissen der Tiere. Hühner leben gern in Gruppen, haben von Natur aus einen großen Bewegungsdrang und picken oder scharren im Boden nach ihrer Nahrung. Seit 2009 ist daher in Deutschland die Käfighaltung von Hühnern in Einzelboxen verboten. Sie müssen stattdessen zu mehreren in größeren Käfigen gehalten werden.

3 Beschreibe die verschiedenen Haltungsformen.
4 Überlegt gemeinsam, welche Art der Haltung für die Hühner am besten ist. Begründet.
5 Recherchiere im Supermarkt oder mithilfe verschiedener Eierkartons den Zusammenhang zwischen der Haltungsform der Hühner und dem Preis der Eier.

Seite 99

# Regionales Gemüse im Jahreslauf

Obst und Gemüse wird oft aus fernen Ländern zu uns gebracht. Für den Transport und die Lagerung wird also viel Energie verbraucht, obwohl auch bei uns fast das ganze Jahr über frisches Gemüse geerntet werden kann:

| Zutat (Gemüse) | Jan | Feb | Mär | Apr | Mai | Juni | Juli | Aug | Sep | Okt | Nov | Dez |
|---|---|---|---|---|---|---|---|---|---|---|---|---|
| Blumenkohl | – | – | – | – | ● | ● | ● | ● | ● | ● | – | – |
| Bohnen, grüne | – | – | – | – | – | – | ● | ● | ● | ● | – | – |
| Brokkoli | – | – | – | – | ● | ● | ● | ● | ● | ● | – | – |
| Champignons | ● | ● | ● | ● | ● | ● | ● | ● | ● | ● | ● | ● |
| Grünkohl | ● | ● | – | – | – | – | – | – | – | – | ● | ● |
| Gurke/Salatgurke | – | – | – | – | – | ● | ● | ● | ● | ● | – | – |
| Kartoffeln | ○ | ○ | ○ | ○ | ○ | ● | ● | ● | ● | ● | ○ | ○ |
| Kohlrabi | – | – | – | – | – | ● | ● | ● | ● | ● | – | – |
| Kürbis | ○ | ○ | – | – | – | – | – | – | ● | ● | ● | ○ |
| Lauch/Porree | ● | ● | ● | ● | – | – | – | – | ● | ● | ● | ● |
| Mais | – | – | – | – | – | – | – | – | ● | ● | – | – |
| Möhren/Karotten | ○ | ○ | ○ | ○ | ○ | ● | ● | ● | ● | ● | ○ | ○ |
| Paprika | – | – | – | – | – | – | ● | ● | ● | ● | – | – |
| Radieschen | – | – | – | – | ● | ● | ● | ● | ● | ● | – | – |
| Rosenkohl | ● | ● | ● | – | – | – | – | – | – | ● | ● | ● |
| Rotkohl | ○ | ○ | ○ | ○ | ○ | ● | ● | ● | ● | ● | ● | ● |
| Spargel | – | – | – | ● | ● | ● | – | – | – | – | – | – |
| Tomaten | – | – | – | – | – | – | ● | ● | ● | ● | – | – |
| Weißkohl | ○ | ○ | ○ | ○ | – | ● | ● | ● | ● | ● | ● | ○ |
| Zucchini | ○ | ○ | ○ | ○ | ○ | ○ | ● | ● | ● | ● | ○ | ○ |

Symbolerklärung für den Saisonkalender Gemüse

● Das Gemüse ist in diesem Monat frisch aus heimischem Anbau verfügbar.

○ Das Gemüse ist in diesem Monat als Lagerware aus heimischem Anbau verfügbar.

– Das Gemüse ist in diesem Monat nicht regional-saisonal verfügbar.

Wie sieht wohl der Saisonkalender für heimisches Obst aus?

**1** Lies aus der Übersicht ab, wann welches Gemüse wächst.
**2** In welchen Jahreszeiten kann in unserer Region am meisten geerntet werden? Begründe.
**3** Warum werden manche Gemüse- oder Obstsorten im Supermarkt auch dann angeboten, wenn sie bei uns zu dieser Jahreszeit gar nicht wachsen?
**4** Würdest du im Winter Erdbeeren kaufen? Begründe deine Antwort und tausche dich mit deinen Mitschülern aus.

# Überregionale Lebensmittel

> Produkte, die nicht aus der Region kommen, nennt man überregionale Produkte.

Im Supermarkt kann man das ganze Jahr über frisches Obst und Gemüse kaufen. Es werden Lebensmittel aus unserer Region, aber auch überregionale Produkte angeboten. Einige Obst- und Gemüsesorten können bei uns nur zu bestimmten Jahreszeiten oder gar nicht wachsen. Damit diese Lebensmittel dennoch ganzjährig angeboten werden können, werden sie lange eingelagert oder von weit her zu uns transportiert.

Banane aus Costa Rica

Kiwi aus Neuseeland

Weintrauben aus Südafrika

Paprika aus Israel

Tomaten aus den Niederlanden

Gurke aus Spanien

**1** Suche auf einer Weltkarte die Herkunftsländer dieser überregionalen Produkte und vergleiche ihre Transportwege.

**2** Recherchiere, warum die Banane mit dem Schiff zu uns transportiert wird und nicht mit dem Flugzeug.   Seite 99

Es kommt vor, dass im Supermarkt einige Lebensmittel zeitgleich aus regionaler Produktion und aus überregionaler Produktion angeboten werden.

Äpfel aus Deutschland, 1,69 € pro kg

Äpfel aus Neuseeland, 1,49 € pro kg

**3** Welchen Apfel würdest du kaufen? Besprich dich mit deinem Partner und begründe deine Antwort.

**4** Verantwortungsvolle Verbraucher achten auch auf die ökologischen Kosten eines Produkts. Was bedeutet das? Recherchiere den Begriff „ökologische Kosten."   Seite 99

## Ich kann jetzt

... beschreiben, wie in einer Molkerei aus Milch Butter hergestellt wird.

... am Beispiel der Hühnereier erklären, welchen Einfluss die Art der Produktion auf den Preis der Eier sowie auf das Wohlbefinden der Hühner hat.

... regionale und überregionale Lebensmittel unterscheiden.

... das ganzjährige Angebot von Obst und Gemüse im Supermarkt kritisch bewerten.

## Ich denke weiter

Achte beim Einkaufen auch auf Verpackungen. Welche sind umweltfreundlich und welche nicht?

Was bedeutet dieses Siegel?

Bio nach EG-Öko-Verordnung

# 5 Aus Geschichte lernen

Uroma befragen

Wir wollen uns zusammen auf die Kerwa vorbereiten!

Alle 7–10-Jährigen der Volkstanzgruppe treffen sich am 05.09. von 15–18 Uhr im Jugendhaus.

DENKMAL

# Ein Zeitabschnitt aus unserem Heimatort

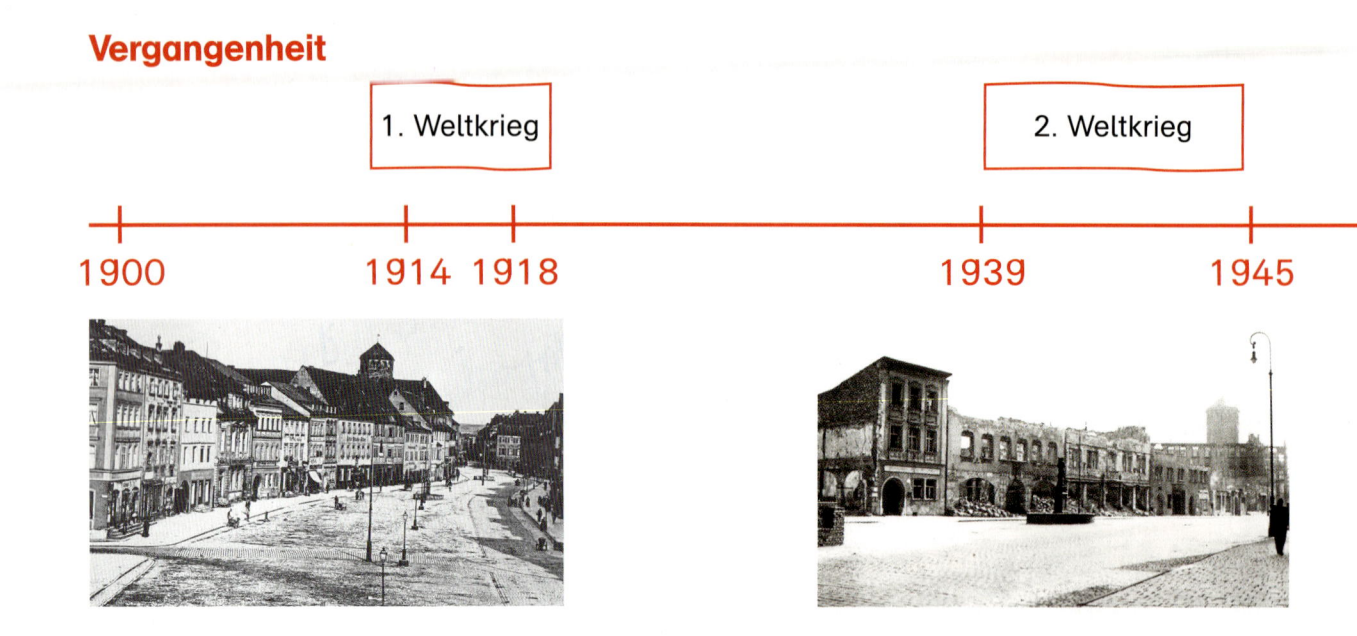

**Vergangenheit**

```
                1. Weltkrieg                          2. Weltkrieg
─┬──────────────┬────┬──────────────────────────────┬──────┬─────────
1900           1914 1918                           1939   1945
```

In den Jahren von 1939 bis 1945 herrschte in Deutschland Krieg. Weil viele weitere Länder beteiligt waren und es einen Ersten Weltkrieg gab, nennt man ihn den Zweiten Weltkrieg. Der Krieg und die Zeit danach brachten für viele Städte in Deutschland große Veränderungen. Während des Krieges wurden viele Städte bombardiert. So wurde z.B. die Stadt Bayreuth im April 1945 mehrmals mit Bomben angegriffen. Von vielen Häusern standen nur noch Ruinen oder sie brannten ganz ab. Die Menschen versuchten, vor dem Angriff aufs Land zu fliehen oder suchten bei Alarm Schutz in Luftschutzkellern. Viele Menschen starben, andere verloren alles, was sie besaßen und mussten ganz von vorne anfangen. Die Trümmer von zerstörten Gebäuden mussten entfernt und Häuser neu gebaut werden. Da viele Männer noch nicht aus dem Krieg zurückgekehrt waren, musste diese Arbeit am Anfang von Frauen, Kindern und alten Menschen übernommen werden. Oft mangelte es an Maschinen, deshalb wurde viel mit den Händen gearbeitet. Als es den Menschen wieder besser ging, wurden die Städte wieder aufgebaut und modernisiert. Immer mehr Menschen konnten sich ein Auto leisten. Deshalb wurde besonders viel Wert auf Straßen gelegt. So veränderte sich das Bild einer Stadt oft stark.

> Der Volkstrauertag ist in Deutschland ein Gedenktag. Er wird seit 1952 zwei Sonntage vor dem ersten Adventssonntag begangen und erinnert an die Toten der Kriege.

**Gegenwart**    **Zukunft**

2000    2015

Als **Jahrzehnt** bezeichnet man einen Zeitraum von zehn Jahren. Im 21. Jahrhundert begann das erste Jahrzehnt am 1. Januar 2001 und endete am 31. Dezember 2010.
Als **Jahrhundert** bezeichnet man einen Zeitraum von einhundert Jahren. Wir befinden uns gerade im 21. Jahrhundert (2001 bis 2100).

### Zeitzeugen berichten

> Als die Bomben fielen, flohen wir in die Felsenkeller. Man hörte immer wieder Explosionen und die Erde zitterte. Es kam uns vor wie eine Ewigkeit und wir hatten furchtbare Angst. Erst als die Entwarnung kam, konnten wir ans Tageslicht und sahen, wie viele Häuser und Straßen um uns herum zerstört waren.

> Nach dem Krieg dauerte es lange, bis wir wieder unser normales Leben führen konnten. Die erste Zeit lebten wir in den Luftschutzkellern, weil es keine Häuser mehr gab. Wir Kinder mussten den Mörtel von den Trümmersteinen abkratzen, damit man sie wieder zum Hausbau verwenden konnte.

1. Beschreibt anhand der Fotos die Veränderungen der Bayreuther Maximilianstraße in der Gruppe.
2. Welche Auswirkungen hatte der Zweite Weltkrieg auf deutsche Städte?
3. Was erinnert in eurem Heimatort an die Zeit des Zweiten Weltkriegs?
4. Gab es in eurem Heimatort in der Vergangenheit wichtige Ereignisse oder große Veränderungen? Recherchiert dazu und haltet die Ergebnisse auf einer Zeitleiste fest. Befragt auch gemeinsam Zeitzeugen, die sich daran erinnern.
5. Präsentiert eure Ergebnisse der Klasse.

Seite 99
Seite 105
Seite 100

37

# Denkmäler als Quellen

Denkmäler sind eine Form von Quellen. Ein Denkmal soll uns an etwas erinnern. Manche Denkmäler wurden absichtlich für die Nachwelt erschaffen. Andere Dinge bezeichnen wir als Denkmal, weil sie uns auf etwas Besonderes hinweisen. Man unterscheidet verschiedene Denkmäler:

- Denkmäler, die man zur Erinnerung an eine Person errichtete: Das Max-Denkmal ist eine 1824 bis 1828 errichtete Statue, die in der Mitte des Domplatzes in der Altstadt von Passau steht. Die Statue zeigt den ersten Bayerischen König Maximilian Joseph I.

- Denkmäler, die man zur Erinnerung an Ereignisse errichtete: Dieses Kriegerdenkmal steht am Friedensplatz vor der Pfarrkirche St. Korbinian in der Gemeinde Unterhaching im Landkreis München. Es erinnert an die Toten der beiden Weltkriege.

- Denkmäler, die für eine bestimmte Epoche Zeugnis der damaligen Baukunst sind: Das Markgräfliche Opernhaus in Bayreuth wurde 2012 von der UNESCO als Weltkulturerbe ausgewählt. Damit gehört das prächtige Bauwerk aus der Epoche des Barock zu den größten Schätzen der Menschheit.

- Naturdenkmäler, die eine besondere Schöpfung der Natur zeigen: Der Kalte Baum ist eine Winterlinde in der Oberpfalz. Man schätzt ihr Alter auf etwa 350 bis 400 Jahre. Über sie werden viele Sagen erzählt.

- Gebäude, die zu Denkmälern wurden: Oft stehen alte Häuser, die typisch für eine bestimmte Zeit oder eine bestimmte Gegend sind, unter Denkmalschutz. Sie tragen dann dieses Zeichen.

1 Welche Arten von Denkmälern sind hier beschrieben? Erkläre.
2 Gibt es in deiner Region ein Denkmal? Gestaltet in der Gruppe ein Lernplakat.
3 Sucht Sagen, die über Denkmäler in eurer Heimatregion erzählt werden.

# Historische Feste in Bayern

In Bayern gibt es viele verschiedene historische Feste und Gedenktage. Diese Feste entstanden oft aus einem besonderen Ereignis in der Vergangenheit und werden seitdem regelmäßig gefeiert. Sie haben Tradition.

Gäubodenfest Straubing

Viehscheid Oberstdorf

Eine Tradition in ganz Bayern ist die Feier des Kirchweihfestes. Ursprünglich feierte man dieses am Jahrestag der Weihe der Pfarrkirche oder am Gedenktag des Schutzheiligen der Kirche. Bis 1866 wurde in jeder Pfarrei die Kirchweih an einem anderen Sonntag gefeiert. Diese Feste dauerten manchmal bis zum Mittwoch und endeten nicht selten in einer Rauferei. Daher beschloss man, die Kirchweih nur noch an einem einheitlichen Tag zu feiern. In vielen Ortschaften ist dies der dritte Sonntag im Oktober. Das nennt man dann die Allerweltskirchweih. In der Oberpfalz und in Franken jedoch feiert jeder Ort weiterhin seine Kirchweih an einem eigenen Termin. So feiert man z. B. die Fürther Michaeliskirchweih seit ungefähr 900 Jahren am 29. September.

Die Kirchweih hat in Bayern je nach Region ganz unterschiedliche Namen: In Oberfranken heißt sie „Kerwa", in der Oberpfalz „Kirwa", in Unterfranken „Kerm" und in Ober- und Niederbayern „Kirta".

Die Kirchweihbräuche sind von Ort zu Ort unterschiedlich.

Oft wird ein Kirchweihbaum aufgestellt.

In vielen Regionen gibt es traditionelles Gebäck zur Kirchweih.

1 Erzähle zu den Festen und Bräuchen auf den Bildern.
2 Was erfährst du in dem Text über die Kirchweih? Fasse zusammen.
3 Informiere dich, wann und wie in deinem Heimatort Kirchweih gefeiert wird.
4 Informiere dich, aus welchen Ereignissen in der Vergangenheit Feste in deiner Heimat entstanden sind. Recherchiere.
5 Was hast du über historische Feste gelernt? Dokumentiere deine Ergebnisse.

Seite 99
Seite 100

## Ich kann jetzt

... Begriffe für Zeiträume unterscheiden und anwenden.

Jahrzehnt  Zukunft  Gegenwart  Jahrhundert  Vergangenheit

... über die Entwicklung meines Heimatortes berichten.

Vergangenheit | 1. Weltkrieg | 2. Weltkrieg
1900  1914  1918  1939  1945

... die Herkunft und Bedeutung einiger regionaler Feste erklären.

... den Wert der Erhaltung von Denkmälern als Quellen begründen.

## Ich denke weiter

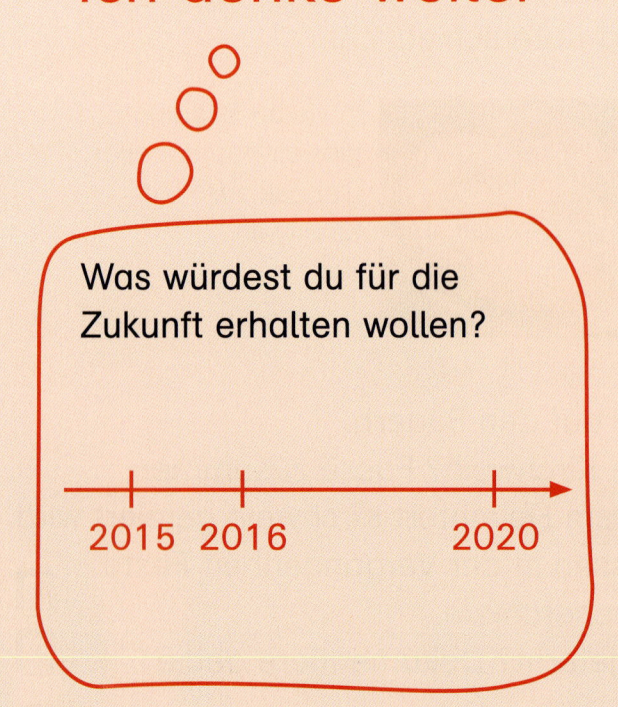

Was würdest du für die Zukunft erhalten wollen?

2015  2016  2020

Was ist ein Bodendenkmal?

# 6 Bauen und Konstruieren

Mia auf dem Spielplatz

Für HSU mitbringen: zwei leere Joghurtbecher!

41

# Gleichgewicht halten

Du hast vier Bausteine.

1. Lege zwei Bausteine übereinander. Verschiebe den oberen Stein langsam mit deinem Zeigefinger in Längsrichtung. Was passiert?
2. Lege wieder zwei Bausteine übereinander und verschiebe den oberen. Wie kannst du verhindern, dass er herunterkippt? Erkläre.
3. Halte das Ergebnis zeichnerisch fest: Zeichne die Ausgangslage der beiden Bausteine, das Herunterkippen des oberen Bausteins und deine Lösung. Beschrifte die Bilder.
4. Finde eigene Beispiele für das Prinzip des Auskragens und des Gleichgewichthaltens.
5. Ein Beispiel für das Prinzip des Auskragens ist die Kragbogenbrücke. Warum findet man diesen Brückentyp so selten?

Seite 104

**Tipp**
Wenn ein Baustein übersteht, ohne dass er herunterfällt, nennt man das auskragen.

6 Baue beide Konstruktionen nach.
7 Lege bei beiden Konstruktionen Holzbausteine auf beiden Seiten auf, sodass die Konstruktion nicht umfällt. Beschreibe, wie du vorgegangen bist. Warum fällt die Konstruktion nicht um? Erkläre.
8 Halte deine Ergebnisse zeichnerisch fest.
9 Sammle Beispiele aus anderen Bereichen, die zu den gebauten Konstruktionen passen.

Seite 104

43

# Balancegeräte bauen

**Eine Balkenwaage bauen**

Zwirn
Schere
Joghurtbecher
Murmeln
Holzstab
Holzbausteine

1. Baue dir eine Balkenwaage wie auf dem Bild.
2. Wie bist du beim Bauen vorgegangen? Berichte.
3. Bringe die Balkenwaage mit verschiedenen Gewichten ins Gleichgewicht.
4. Vergleiche deine Balkenwaage mit den Modellen deiner Mitschüler.
5. Wo wurden Balkenwaagen früher eingesetzt? Wo werden sie heute benutzt? Recherchiere.

Seite 99

## Ein Mobile bauen

Ein klassisches Mobile besteht aus unterschiedlich langen Stangen und Fäden, an denen leichte Figuren oder Gegenstände hängen. Es wird immer von unten aufgebaut, also aus einzelnen Mobileteilen:

1) Denke dir Figuren aus, die du an dein Mobile hängen möchtest: z. B. Tierfiguren aus Pappe oder Gespenster aus Taschentüchern.

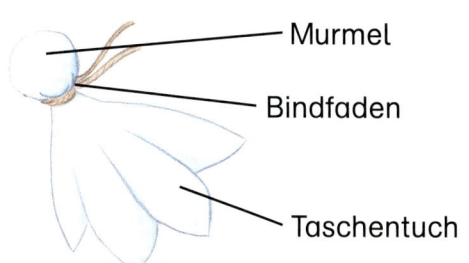

– Murmel
– Bindfaden
– Taschentuch

2) Knote zwei Figuren mit Fäden an die Enden einer Stange und fixiere die Knoten mit Klebstoff.
3) Knote dann einen Faden an die Mitte der Stange und hebe sie an dem Faden hoch. Schiebe den Knoten so lange hin und her, bis beide Figuren wie bei einer Waage gleichmäßig hängen. Fixiere auch diesen
4) Wiederhole die Schritte 2 und 3, sodass du eine zweite „Waage" erhältst.
5) Knote die beiden „Waagen" mit den mittleren Fäden an die jeweiligen Enden einer dritten, etwas längeren Stange.
6) Knote dann einen Faden so an diese Stange, dass beide „Waagen" wiederum gleichmäßig hängen.
7) Befestige dein fertiges Mobile z. B. an der Zimmerdecke.

**1** Lies dir die Bauanleitung durch. Welche Materialien benötigst du zum Bau des Mobiles?
**2** Baue das Mobile nach der Anleitung.
**3** Vergleiche dein Mobile mit anderen. Sind alle Stangen im Gleichgewicht? Eignen sich die Materialien für ein Mobile?

> Du kannst dein Mobile nach dem gleichen Prinzip unendlich vergrößern.

## Ich kann jetzt

... überprüfen, ob selbst gebaute Balancegeräte funktionieren, und Gründe dafür nennen.

... erläutern, warum das Gleichgewicht für eine Konstruktion wichtig ist.

... die selbst gebauten Modelle vergleichen und bewerten. Ich kann z. B. einschätzen, ob sie ihren Zweck erfüllen oder ob das verwendete Material für das Modell geeignet ist.

Mein Mobile ist im Gleichgewicht, weil ...

## Ich denke weiter

Was sorgt beim Menschen dafür, dass er nicht aus dem Gleichgewicht gerät?

# 7 Gewässer

**Fünf Flüsse für die Grüne Keiljungfer**
**EU-LIFE-Projekt Grüne Keiljungfer**

An den Flüssen des Mittelfränkischen Beckens (Aurach, Zenn, Bibert, Haselbach, Fränkische und Schwäbische Rezat) lebt die bayern- und bundesweit stark gefährdete Grüne Keiljungfer. Durch viele verschiedene Maßnahmen werden natürliche Gewässerabschnitte wiederhergestellt …

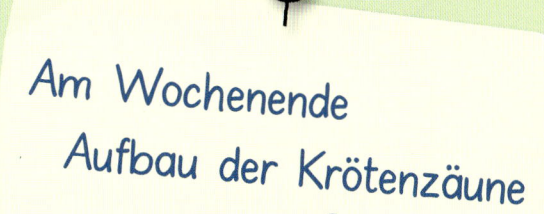

Am Wochenende Aufbau der Krötenzäune

# Tiere und Pflanzen am Gewässer

Stockente

Tümpel

Wasserfrosch

Schilf

Seerosen

Posthornschnecke

Wasserpest

Rotfedern

Karpfen

Teichmolch

Schlammschnecke

Teichmuschel

Flussbarsch

Tauchblattpflanzen

Nicht alle Tiere, die im und am Gewässer leben, sind in gleicher Weise vom Wasser abhängig. Sie sind unterschiedlich an diesen Lebensraum angepasst. Fische sowie bestimmte Weichtiere, Krebse und Würmer können nur im Wasser leben. Amphibien und Insekten leben zum Teil im Wasser und zum Teil an Land. Vögel, Säugetiere und Reptilien kommen dagegen nur zur Nahrungssuche oder zum Trinken an das Gewässer.

> Als Amphibien bezeichnet man alle Wirbeltiere, die zum Laichen Wasser benötigen. Zu ihnen zählen Frösche, Kröten, Molche und Lurche. Reptilien nennt man die Gruppe der Kriechtiere. Zu ihnen gehören Schlangen, Echsen, Schildkröten und Krokodile.

Labels on illustration: Trauerweide, Fischreiher, Bachstelze, Erle, Eisvogel, Gelbe Schwertlilie, Biberbau, Fischotter, Ringelnatter, Rohrkolben, Reiherenten, Libelle, Bachforellen, Stichlinge, Rotaugen, Hecht, Wasserläufer

1. Benenne und beschreibe die Tiere und Pflanzen am und im Gewässer.
2. Welche Tiere könnt ihr an einem Gewässer in der Nähe eurer Schule beobachten?
3. Stellt Recherchen an, um Lernplakate zu diesen Tieren zu erstellen.
4. Welche Bedeutung hat das Wasser als Lebensraum für diese Tiere?

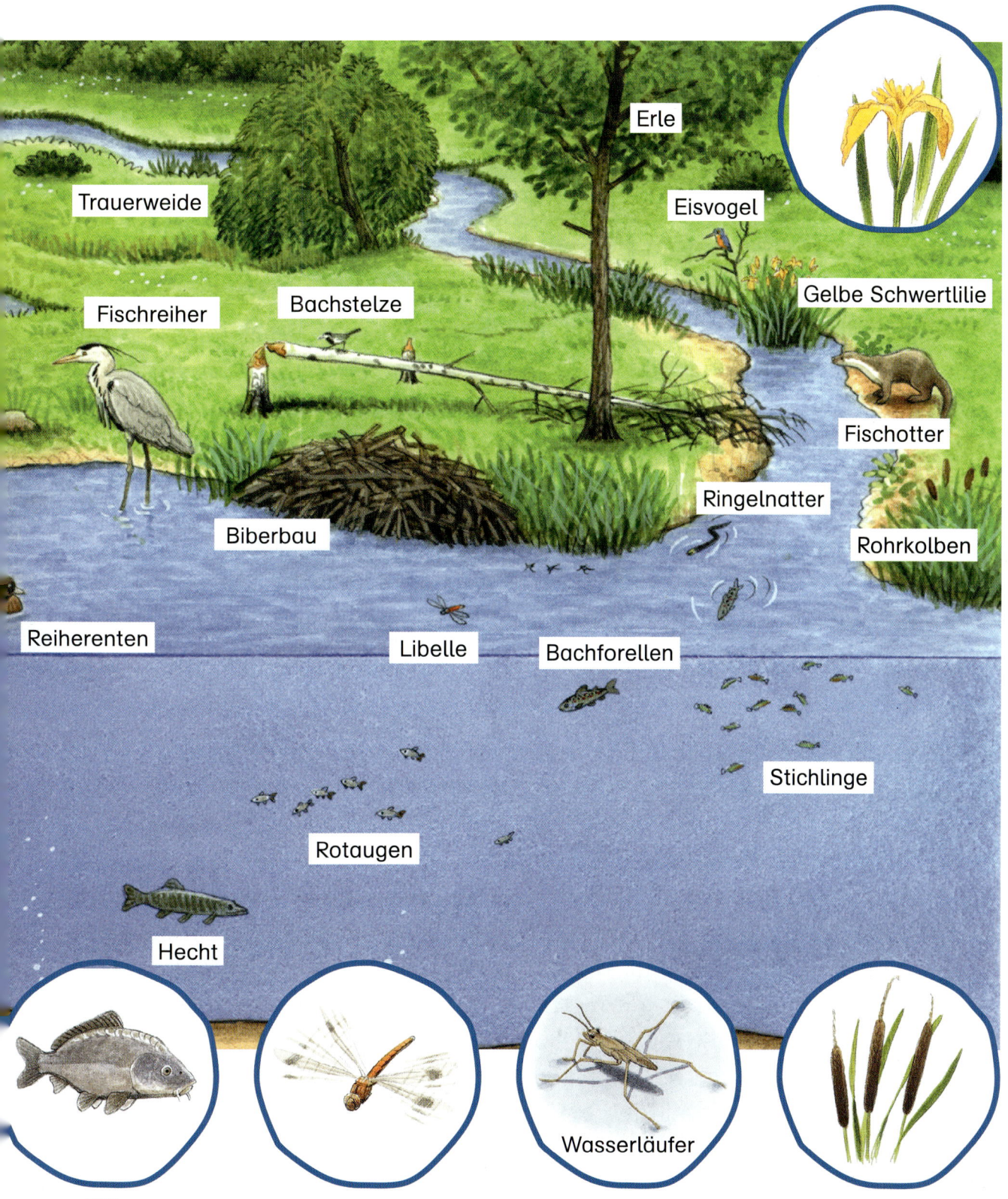

Seite 102
Seite 99
Seite 105

# Die Seerose

Die Seerose wächst überwiegend in Seen und Teichen. Sie hat sich an ihren Lebensraum angepasst. Die Wurzeln verankern die Pflanze gut im Grund, damit sie nicht abtreibt. Die Schwimmblätter der Seerose schwimmen an der Wasseroberfläche. Sie sind mit einer Wachsschicht überzogen. Diese sorgt dafür, dass z. B. Regentropfen von der Blattoberfläche abperlen. Somit gehen die Blätter nicht unter. Luftkammern in den Seerosenblättern und ihren langen Stängeln sorgen zusätzlich für Auftrieb.

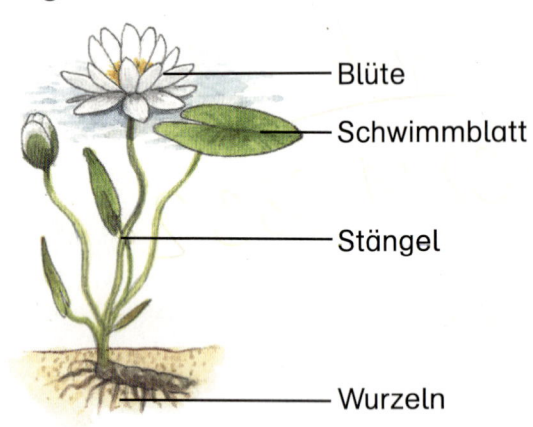

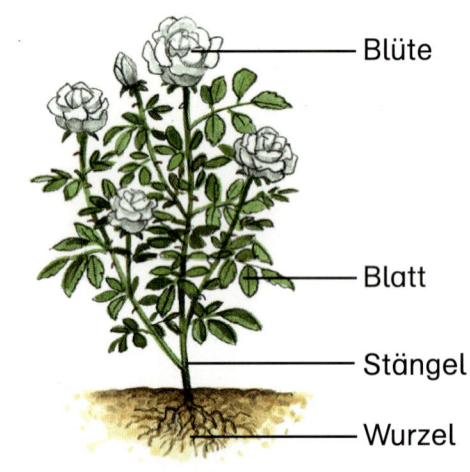

**1** Wie ist die Seerose an ihren Lebensraum angepasst?
**2** Vergleiche die Seerose mit einer an Land wachsenden Rose. Beschreibe Unterschiede und Gemeinsamkeiten.

Die auf der Wasseroberfläche schwimmenden Blüten werden von fliegenden Insekten bestäubt. Danach bilden sich unter Wasser die Samen der Seerose, die von einem kleinen Schwimmsäckchen umgeben sind. So können die Samen an die Wasseroberfläche steigen. Wind und Wasserströmung sorgen für die Verbreitung der schwimmenden Samen. Nach ein paar Tagen löst sich das Schwimmsäckchen auf und der Samen sinkt auf den Grund des Gewässers. Dort beginnt er zu keimen und eine neue Seerosenpflanze entsteht.

**3** Welche Besonderheit weist der Seerosensamen auf?
**4** Wie breitet sich die Seerose aus?

# Die Wasserlinse

Wasserlinsen schwimmen frei auf der Wasseroberfläche. Sie sind nicht mit den Wurzeln im Grund verankert. Die Wurzeln der Wasserlinse nehmen die Nährsalze direkt aus dem Wasser auf. Die Wasserlinse bringt bei guten Wachstumsbedingungen ständig neue Blättchen hervor. Jedes Blättchen bildet eigene Wurzeln und wird so zu einem neuen Pflänzchen. Auf diese Weise kann ein regelrechter Wasserlinsenteppich entstehen.

**1** Welche Besonderheiten hat die Wasserlinse?

Du kannst in einem Versuch herausfinden, unter welchen Bedingungen sich die Wasserlinse am schnellsten vermehrt.
Du brauchst Teichwasser mit Wasserlinsen, drei gleich große Gläser und Blumendünger.

So geht es:
- Fülle in Glas 1 Leitungswasser (links), in Glas 2 Leitungswasser mit Dünger (Mitte) und in Glas 3 Teichwasser (rechts).
- Gib nun in jedes Glas einen Teelöffel Wasserlinsen.
- Stelle die Gläser ans Fensterbrett.

**2** Führe den Versuch nach Anleitung durch. → Seite 103
**3** Beobachte zwei Wochen lang, wie sich die Wasserlinsen entwickeln, und notiere die Ergebnisse. → Seite 102
**4** Manche Gewässer sind zu nährstoffreich. Recherchiere, wo die Nährstoffe herkommen und warum das für ein Gewässer schädlich ist. → Seite 99

# Der Frosch

## Körperbau und Anpassung

Hinterfuß mit Schwimmhäuten

Schallblase

Der Frosch hält sich meist in der Nähe von Teichen und Seen auf. Er gehört zu der Gruppe der Tiere, die zum Teil an Land und zum Teil im Wasser leben. Da seine Haut sehr leicht austrocknet, braucht er eine feuchte Umgebung.

Mit seinen langen, dünnen Beinen ist er ein guter Springer und ein geschickter Schwimmer. Die Schwimmhäute zwischen den Zehen seiner Hinterfüße wirken dabei wie Taucherflossen und ermöglichen ihm schnelles Schwimmen. Bei der Jagd unter Wasser kann er seine Nasenlöcher schließen, um kein Wasser einzuatmen. Zum Schutz vor Verletzungen zieht der Wasserfrosch beim Tauchen seine Augen ein. Jagt er an Land, so fängt er seine Beute mit seiner langen, klebrigen Zunge. Der Frosch ernährt sich von Würmern, Schnecken, Fliegen, Wasserflöhen, Spinnen, Mücken und anderen Insekten.

Um sein Revier zu verteidigen und um Froschweibchen anzulocken, quakt der männliche Frosch. Durch die Schallblasen klingt das Quaken noch lauter.

Über den Winter verkriecht sich der Frosch monatelang an einem geschützten Ort. Dort bleibt er, ohne sich zu bewegen oder zu fressen. Er überlebt den Winter in Kältestarre. Erst wenn es im Frühjahr draußen wärmer wird, kommt der Frosch wieder aus seinem Versteck.

Seite 101

**1** Lies den Text und beschreibe den Körperbau des Frosches.
**2** Wie hat sich der Frosch an seinen Lebensraum angepasst?

## Fortpflanzung und Entwicklung

Im Frühjahr erwachen die Frösche aus der Winterstarre und wandern zurück zu ihren Heimatgewässern. Dort paaren sie sich. Dabei klettert das Männchen auf den Rücken des Weibchens und klammert sich fest. Das Weibchen legt in Ufernähe bis zu 1 000 Eier in sogenannten Laichballen ab, während das Männchen diese mit seinem Samen befruchtet.

Jedes Froschei wird durch eine geleeartige Hülle geschützt. Nach zwei bis drei Wochen schlüpfen die Kaulquappen. Sie leben im Wasser und atmen mit Kiemen. Wenn die Kaulquappen nach ein paar Wochen etwa drei Zentimeter groß sind, entwickeln sich zuerst die Hinterbeine. Die Vorderbeine wachsen bald darauf. Der Schwanz wird immer kleiner und die Kaulquappen sehen den erwachsenen Fröschen immer ähnlicher. Nach etwa drei Monaten sind auch die Lungen ausgebildet. Die kleinen Frösche gehen nun an Land und beginnen, Luft zu atmen. Ihr Leben am Teich beginnt.

1 Beschreibe die Entwicklung vom Ei zum Frosch.
2 Beobachte Froschlaich im Teich durch regelmäßige Besuche.
3 Aus einem Gelege von rund 1 000 Eiern überleben nur eine Handvoll Frösche. Wie kann das sein? Recherchiere.

Man darf den Froschlaich nicht mit nach Hause nehmen, denn Frösche stehen unter Naturschutz.

Seite 102

Seite 99

# Die Krötenwanderung

Im Frühjahr beginnt die Zeit der Krötenwanderung. Tausende von Tieren machen sich gleichzeitig auf den Weg zu ihren Laichgewässern, wo sie selbst geboren wurden. Sie benötigen das Gewässer nur zur Eiablage. Den Rest des Jahres leben sie an Land. Da die Tiere jedoch in der Nacht unterwegs sind, werden unzählige von ihnen beim Überqueren der Straßen überfahren.

> Ein Laichgewässer ist ein Gewässer, in dem die Kröten ihre Eier (den Laich) ablegen.

Es gibt verschiedene Möglichkeiten, die Kröten vor den Gefahren des Straßenverkehrs zu schützen. Am Straßenrand werden Warnschilder aufgestellt. Diese Schilder sollen die Autofahrer ermahnen, langsam zu fahren und auf wandernde Kröten zu achten. Außerdem werden am Straßenrand kleine Zäune aus Kunststoff errichtet. Diese hindern die Kröten daran die Straße zu überqueren. Entlang der Zäune haben Naturschützer alle paar Meter einen Eimer eingegraben. Die Kröten wandern auf der Suche nach einem Durchschlupf den Zaun entlang und fallen in den Eimer. Am nächsten Morgen werden die Kröten eingesammelt, über die Straße gebracht und wieder freigelassen. Dann können die Tiere gefahrlos weiterwandern. Werden neue Straßen nahe einem Gewässer gebaut, dann werden diese inzwischen häufig mit Krötentunneln versehen. Das sind Betonrohre, die unter der Straße hindurchführen. Kleine Zäune leiten die Tiere in den Tunnel, durch den sie dann ohne menschliche Hilfe ihren Weg fortsetzen können.

**1** Lies den Text. Welche Schutzmaßnahmen für die Kröten gibt es?
**2** Warum müssen die Kröten überhaupt auf Wanderschaft gehen?
**3** Was könnt ihr zum Schutz der Kröten beitragen? Überlege mit deinem Partner.
**4** Wie unterscheiden sich Frosch und Kröte? Recherchiere.

# Die Renaturierung – eine Maßnahme zum Gewässerschutz

Viele Flüsse und Bäche wurden von den Menschen verändert. Ihr natürlicher Verlauf ist nicht geradlinig. Man wollte aber Felder mit geraden Kanten und begradigte sie daher.
Doch diese Eingriffe, man spricht hier von „Flurbereinigung", hatten negative Folgen. Die Gewässer wurden tiefer und ihre Strömung schneller. Tiere, die bisher in sandigen flachen Ausbuchtungen gelebt hatten, verloren ihren Lebensraum. Andere Tiere, die für ihren Nachwuchs langsame und ruhige Gewässer brauchen, konnten keine geeignete Stelle mehr finden. Dies führte dazu, dass inzwischen einige Tierarten zu den geschützten oder vom Aussterben bedrohten Arten zählen.

Begradigtes Flussbett nach der Flurbereinigung

Um den Lebensraum dieser Tiere wieder herzustellen, versucht man nun, die Eingriffe von damals rückgängig zu machen. Im Rahmen großer und teurer Umweltprojekte wird der natürliche Zustand der Bäche und Flüsse wieder hergestellt. Man spricht dann von „Renaturierung". Das bedeutet so viel wie „zurück zum natürlichen Zustand". In Bayern gibt es zahlreiche solcher Projekte. Eines davon betrifft Flüsse in Mittelfranken. Hier wird versucht, durch die Renaturierung der Flüsse die stark gefährdete Libellenart der Grünen Keiljungfer in ihrem Bestand zu erhalten.

Renaturierter Flusslauf mit tiefen und flachen Flussbetten sowie Sandstreifen

Grüne Keiljungfer

1. Welche negativen Auswirkungen hatte die Flurbereinigung?
2. Erkläre den Begriff „Renaturierung".
3. Recherchiere, warum die Grüne Keiljungfer gefährdet ist.
4. Recherchiere zu den Flüssen und Bächen in deiner Nähe. Wurden sie begradigt? Gibt oder gab es Maßnahmen zur Renaturierung? Kannst du dich vielleicht selbst aktiv an einem Projekt beteiligen?

Seite 99

## Ich kann jetzt

... Tiere und Pflanzen am Gewässer benennen.

... Besonderheiten und Anpassungen von Sumpf- und Wasserpflanzen beschreiben.

... erklären, wie der Frosch sich entwickelt und an sein Leben im und am Gewässer angepasst ist.

... an den Beispielen Krötenwanderung und Renaturierung beschreiben, wie der Mensch den Lebensraum Gewässer und dessen Bewohner beeinflusst.

## Ich denke weiter

Was ist der Lotuseffekt?

Wie nutzen wir Menschen die Gewässer?

# 8 Gefühle, Wohlbefinden und Gesundheit

**Kinder- und Jugendtelefon**
**116111**
NummergegenKummer
freecall
unterstützt durch die Deutsche Telekom

Jeder Mensch darf über seinen eigenen Körper bestimmen.

**SCHÜLERZEITUNG der Grundschule An der Schulstraße**

Felix (4a): Mein Vater arbeitet als Erzieher

Leni (4b): Meine Mutter ist eine Kfz-Mechanikerin

**Deutsches Rotes Kreuz**

DRK-Kreisverband München

Rotkreuz-Kurs Erste Hilfe DAS ORIGINAL!

Teilnahmebescheinigung
**Erste Hilfe-Training**

Herr/Frau Max Mustermann, geboren am 01.08.97
hat an einem **Erste-Hilfe-Training** (8 Unterrichtseinheiten) teilgenommen.
Kurs-Nr. 1234567/8
Kurs-Zeitraum 13.01.-10.3.15    Kurs-Ort München
Kennziffer der ermächtigten Ausbildungsstelle
Kurs-Leitung Erika Muster
Der Teilnahmebeitrag in Höhe von 35,- Euro wurde entrichtet.
**Diese Bescheinigung gilt nicht im Sinne der Fahrerlaubnisverordnung.**
Ort/Datum München, 10.3.15    Unterschrift Muster

# Mädchen und Jungen

Mädchen (Frauen) und Jungen (Männer) kann man anhand ihrer Geschlechtsorgane unterscheiden. Oftmals wird aber behauptet, dass es noch viele andere Unterschiede zwischen ihnen gibt.

Mädchen (Frauen) wird von ihren Mitmenschen eine Rolle gegeben, Jungen (Männern) wiederum eine andere Rolle. Zu diesen Rollen gehören immer ganz bestimmte Eigenschaften (z. B. stark oder schwach, ordentlich oder unordentlich, mutig oder ängstlich).

*Max hat Bauchschmerzen. Können Sie bitte seine Eltern anrufen?*

*Können Sie bitte unseren Ball aufpumpen? Wir möchten Fußball spielen.*

Aber muss das eigentlich immer so sein?

*Lena hat Bauchschmerzen. Können Sie bitte ihre Eltern anrufen?*

*Können Sie bitte unseren Ball aufpumpen? Wir möchten Fußball spielen.*

Welche Eigenschaften ein Mensch hat, ist ganz unterschiedlich. Das ist unabhängig davon, ob er männlich oder weiblich ist. Es gibt auch Menschen, die sich nicht eindeutig männlich oder weiblich fühlen oder die sich zum gleichen Geschlecht hingezogen fühlen.

1 Betrachte die Bilder. Was denkst du darüber?
2 Welche Rollen werden eher Frauen und welche Rollen eher Männern gegeben? Ist das eigentlich gerecht? Diskutiert.

Diese Bilder zeigen Mädchen (Frauen) und Jungen (Männer) in unterschiedlichen Situationen.

Wichtig ist, dass jeder Mensch seinen Interessen nachgehen kann. Jeder sollte sich z. B. sein Hobby, sein Lieblingsspielzeug, seine Lieblingsfarbe oder seinen Beruf selbst aussuchen dürfen. Das gilt auch dafür, welche Freunde man gerne haben möchte oder in wen man sich verliebt und mit wem man zusammenleben möchte.
Gleichzeitig sollte jeder Mensch Rücksicht darauf nehmen, dass auch alle anderen diese Entscheidungen für sich treffen dürfen.

**3** Was denkst du über die Bilder? Tauscht euch darüber aus.
**4** Hast du schon einmal erlebt, dass andere etwas über dich gesagt haben oder du etwas machen musstest, nur weil du ein Mädchen oder nur weil du ein Junge bist? Wie hast du dich dabei gefühlt?

# Sich selbst und andere schön finden

*Diese Models sind echt cool. Sie haben so schöne Gesichter, traumhafte Haare und eine perfekte Figur. So würde ich auch gern aussehen!*

*Ach was, die beiden sehen ja nicht wirklich so aus.*

**1** Beschreibe die Situation.
**2** Es wird gesagt, dass Models in Wirklichkeit gar nicht so aussehen wie auf den Werbeplakaten. Was ist damit gemeint? Begründe deine Antwort.
**3** Wer bestimmt, was schön ist?

4 Beschreibe die Situation. Kennst du das auch? Berichte.
5 Warum haben die beiden Kinder eine unterschiedliche Meinung, obwohl sie das gleiche Spiegelbild sehen?
6 Was wäre, wenn alle Menschen gleich aussehen würden?

# Du bestimmst über dich

**Nein sagen ist manchmal ganz schön schwer!**

Das hört sich so einfach an: Nein sagen, wenn sich etwas nicht gut anfühlt.

Laura (…) hat etwas erlebt, bei dem sie sich mit dem Ja-Sagen und Nein-Sagen gar nicht mehr auskannte. Einmal war Onkel Linus zu Besuch (…). Laura hat sich gefreut. Onkel Linus hat Laura gezeigt, wie man im Internet surft. Er hat ihr gezeigt, wo die besten Spiele zu finden sind und wie man seine Lieblingslieder aus dem Netz herunterladen kann. (…) Onkel Linus hat einen Arm um Laura gelegt, und dann hat er angefangen, sie zu streicheln. Er hat eine Hand unter ihren Pullover geschoben. Laura fing an, sich unbehaglich zu fühlen. Am liebsten hätte sie „Lass das!" gesagt. Aber das kam ihr komisch vor, weil Onkel Linus doch wirklich nett ist.

Ganz steif hat sich Laura gemacht. Sie hat gehofft, dass Onkel Linus dann von selbst merkt, dass er aufhören soll. Aber er hat immer weitergestreichelt. Er hat Lauras Beine gestreichelt, und seine Hand ist in den Hosenbund geschlüpft. Laura hat genau gefühlt, dass sie nicht will, was Onkel Linus da macht. (…)

Dann hat er sie aufs Ohr geküsst und ihr gesagt, dass sie auf keinen Fall jemandem erzählen soll, wie lieb er sie hat, und dass Mama sicher sehr unglücklich wäre, wenn sie das hörte. Und dass sie Laura dann nicht mehr mögen würde.
„Es ist unser großes Geheimnis!", hat Onkel Linus gesagt. Von da an hat Laura versucht, Onkel Linus aus dem Weg zu gehen. (…)

Laura hatte das Gefühl, dieses Geheimnis wie eine schwere dunkle Wolke immer mit sich herumzuschleppen …

Dagmar Geisler

1. Welche Gefühle hat Laura?
2. Muss sich Laura das gefallen lassen? Begründe.
3. Wie können sich Mädchen und Jungen in dieser Situation verhalten?
4. Warum ist Nein sagen für Mädchen und Jungen nicht immer einfach?

# Trau dich – vertrau dir

*Ist da die Nummer gegen Kummer?*

*Ich habe ein komisches Gefühl. Können Sie mir helfen?*

**Diese Tipps helfen dir:**

- Achte auf deine Gefühle.
- Du darfst dich auf dein Gefühl verlassen.
- Dein Körper gehört dir. Du entscheidest, welche Berührungen angenehm sind.
- Du hast immer das Recht, Nein zu sagen.
- Andere haben auch das Recht, Nein zu sagen. Beachte Grenzen.
- Wenn du es nicht schaffst, Nein zu sagen, bist du nicht schuld.
- Niemand muss ein schlechtes Geheimnis für sich behalten.
- Wer dir ein schlechtes Geheimnis aufzwingt, meint es nicht gut mit dir.
- Du darfst Hilfe holen. Erzähle einer Vertrauensperson, was dich bedrückt.
- Wenn du dich nicht traust, zu jemandem aus deiner näheren Umgebung zu gehen, dann kannst du eine Beratungsstelle anrufen unter 116 111. Der Anruf ist kostenlos und du musst deinen Namen nicht sagen.
- Hilfreiche Infos bekommst du auch im Internet über die Homepage http://www.trau-dich.de/.

*116 111 ist die Nummer gegen Kummer. Du kannst sie bei allen Problemen wählen.*

1 Beschreibe das Bild. Was denkst du über die Situation?
2 Besprecht die Tipps zusammen in der Klasse.
3 Was sind schlechte Geheimnisse?
4 Wer ist für dich eine Vertrauensperson?
5 Bei welchen Sorgen kannst du die Nummer gegen Kummer wählen?

# Erste Hilfe leisten

**Notruf und Umgang mit Verletzten**

Es gibt verschiedene Situationen, in denen man sich verletzen kann. Man kann z. B. stürzen, sich stoßen, sich schneiden, sich verbrühen, von einem Insekt gestochen werden oder einen Unfall haben. In solchen Situationen benötigt man Hilfe.

Damit einem Verletzten gut geholfen werden kann, sollte man keine Zeit verlieren, aber trotzdem ruhig bleiben. Wenn jemand in der Nähe ist, bittest du am besten um Hilfe. Ist die Verletzung schwerwiegender und du bist allein, wähle sofort den **Notruf**. Dazu kannst du die **Nummer 112** wählen. Diese wird ohne Vorwahl angerufen und ist kostenlos.

Das sagst und machst du beim Notruf:
- **WO** ist etwas geschehen?
- **WAS** ist geschehen?
- **WIE VIELE** Menschen sind betroffen?
- **WELCHE** Verletzungen kannst du erkennen?
- **WARTE** auf Rückfragen!

Erste-Hilfe-Kurse gibt es nicht nur für Erwachsene, sondern auch für Kinder.

Bei kleineren Verletzungen muss kein Notruf abgesetzt werden, aber Erste Hilfe kann man trotzdem leisten. Dazu ist gut zu wissen, wo sich der nächste Verbandskasten befindet. Nicht nur um die Verletzung selbst sollte man sich kümmern, auch der Mensch sollte betreut werden.

1. Wie kannst du Erste Hilfe leisten? Beschreibe.
2. Bei welchen Verletzungen setzt du einen Notruf ab? Begründe.
3. Was berücksichtigst du bei einem Notruf? Übe einen Notruf mit einem Partner an einem ausgedachten Beispiel.
4. Schaut euch einen Verbandskasten genau an. Was befindet sich darin? Wozu und wie setzt man die Bestandteile ein?

**Kleine Wunden am Finger und Nasenbluten**

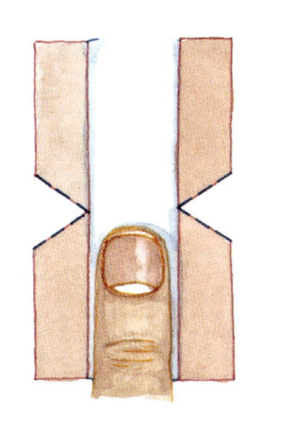

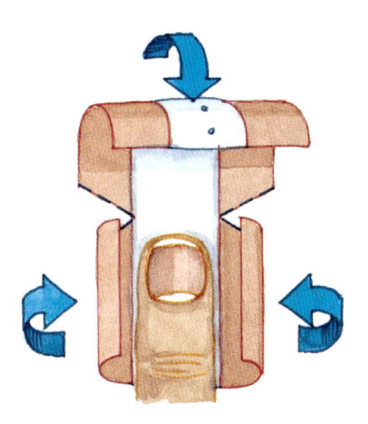

Alle Verletzungen werden mit einem Verband vor Schmutz und Krankheitserregern geschützt. Bei kleinen Verletzungen am Finger kannst du einen Fingerkuppenverband anlegen. Achte darauf, dass du die Wunde nicht berührst, Fremdkörper aus der Wunde nicht entfernst und die Wunde nicht auswäschst. Um den Verband anzulegen, schneidest du ein fingerlanges Stück vom Pflasterwundverband ab. Anschließend schneidest du einen Keil (so wie ein Dreieck) aus den Klebestreifen an der Seite. Danach ziehst du die Schutzfolie ab und kannst vorsichtig die Fingerkuppe umkleben. Zeige die Wunde so bald wie möglich einem Erwachsenen, um dir bei ihrer weiteren Behandlung helfen zu lassen.

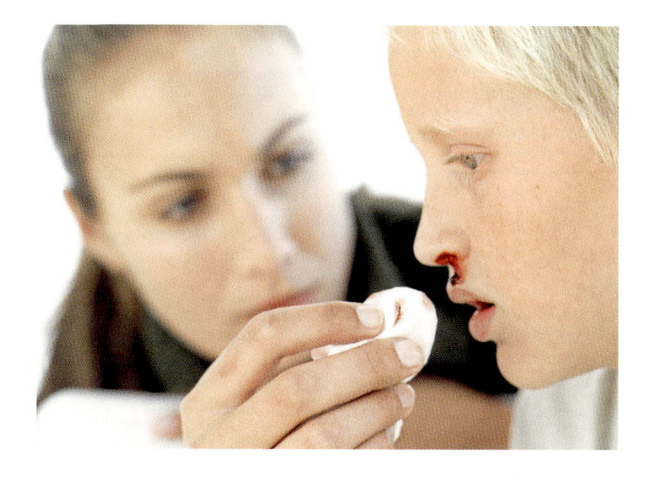

Bei Nasenbluten ist es wichtig, erst einmal ruhig zu bleiben. Wenn du dich aufregst, dann steigt der Blutdruck und drückt noch mehr Blut aus der Nase. Setze dich möglichst aufrecht hin und halte den Kopf nach vorne. Manche raten dir vielleicht, den Kopf nach hinten zu nehmen. Das ist aber nicht richtig. Du kannst einen kalten Lappen oder ein Kühlpäckchen in den Nacken legen. Dann fließt nicht so viel Blut. Wenn die Blutung richtig stark ist oder nach 10 bis 15 Minuten nicht aufhört, solltest du zum Arzt gehen.

1. Wie legt man einen Fingerkuppenverband an? Worauf musst du achten? Beschreibe und probiere es mit deinem Partner aus.
2. Wie verhältst du dich bei Nasenbluten?
3. Wie verhältst du dich bei einem Insektenstich?

## Ich kann jetzt

... besser selbst über mich und meinen Körper bestimmen und einschätzen, wann und wozu ich Nein sagen darf.

*Darf ich dir einen Kuss geben?*
*Nein, das will ich jetzt nicht.*

... verstehen, dass jeder für sich selbst entscheiden darf, was er oder sie schön findet.

*Das finde ich schön.*
*Ich mag das nicht.*

... akzeptieren, dass jeder Mensch seine persönlichen Stärken, Interessen und Möglichkeiten hat.

... einige Erste-Hilfe-Maßnahmen anwenden.

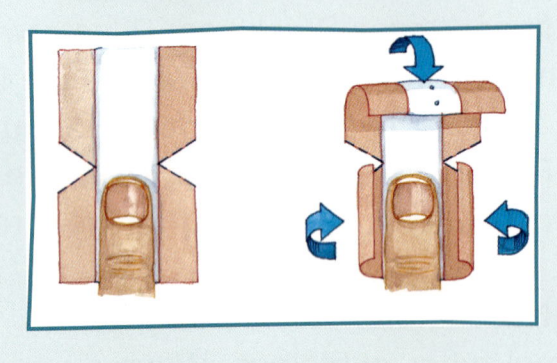

## Ich denke weiter

Warum hatte die Frau keinen Erfolg?

**Frau im Rollstuhl wurde von Modelagentur abgelehnt**

Vergeblich hat sich die Frau bei mehreren Agenturen beworben – bisher ohne Erfolg.

Wie fühlt es sich an, wenn man verliebt ist?

# g Wasser

1 Kasten Wasser
2 Flaschen Limo
Spülmittel
Kloreiniger
Milch
Zeitung
~~Nudeln~~
Reis
Obst

Nicht so lange duschen!
Papa

# Fragen zum Wasser

Wasser ist ein faszinierendes Element. Es macht unseren Planeten einzigartig. Wasser bedeutet Leben.

Seite 99

1 Was fällt dir zum Wasser ein? Erstelle eine Mindmap.
2 Notiere zusammen mit deinem Partner möglichst viele Fragen zum Thema Wasser. Überlegt gemeinsam, wie ihr Antworten finden könnt.

Die Kinder der Klasse 4c haben viele Fragen zum Thema Wasser gesammelt. Nun wollen sie mithilfe von Versuchen einige Antworten finden.

1. Kann Wasser bergauf fließen?
2. Warum schwimmt ein Schiff im Wasser?
3. Was löst sich in Wasser auf?
4. Wie lange dauert es, bis Wasser friert?

5. Wieso regnet es?
6. Wo kommt unser Trinkwasser her?
7. Wie wird schmutziges Wasser wieder sauber?
8. Was bedeutet „verdunsten"?

Seite 103

3 Probiert die folgenden beiden Versuche gemeinsam aus. Schreibt erst eure Vermutungen und dann eure Beobachtungen auf. Könnt ihr erklären, was passiert?

## Kann Wasser bergauf fließen?

**Ihr braucht:** 2 Gläser, Wasser, Strohhalm zum Abknicken, Schuhkarton o. ä.
**So geht es:** Stellt ein leeres Glas auf einen Tisch oder auf den Boden. Stellt ein anderes, mit Wasser gefülltes Glas so auf, dass es etwas erhöht steht (z. B. auf einem Schuhkarton). Den kürzeren Teil des abgeknickten Strohhalms stellt ihr in das mit Wasser gefüllte Glas. Saugt leicht am anderen, langen Ende.
Wenn der Strohhalm mit Wasser gefüllt ist, haltet das untere Ende zu, an dem gesaugt wurde, und haltet den Strohhalm in das leere Glas. Lasst das Ende dann wieder los.

## Was löst sich in Wasser auf?

**Ihr braucht:** 6 Gläser, Wasser, Sand, Zucker, Öl, Salz, Mehl
**So geht es:** Füllt ein Glas mit Wasser. Gebt einen Stoff dazu und beobachtet, was passiert. Haltet eure Vermutungen und Ergebnisse in einer Tabelle fest. Wiederholt die Schritte für alle Stoffe.

### Aggregatzustände von Wasser

schmelzen → verdampfen →
← gefrieren ← kondensieren

Wasser besteht aus winzigen Teilchen, die für uns unsichtbar sind. Man nennt sie Moleküle. Je nach Temperatur werden sie beweglicher oder unbeweglicher.
Im festen Zustand, wenn das Wasser gefroren ist ($\leq 0°C$), bilden die Moleküle Brücken zueinander aus. Sie können sich nicht mehr bewegen. Wenn die Teilchen beweglicher sind und auch mal ihre Plätze wechseln, ist das Wasser in einem flüssigen Zustand.
Sind die Teilchen ungeordnet und bewegen sich sehr stark, dann nennt man dies den gasförmigen Zustand ($\geq 100°C$).

**4** Nimm einen Eiswürfel in die Hand und beobachte, was passiert. Wie nennt man diesen Vorgang?

**5** Fülle einen Teelöffel mit Wasser. Nimm den Teelöffel mit einem Topflappen und halte ihn über ein Teelicht. Vermute, was passiert. Wie nennt man diesen Vorgang?

**6** Fülle einen Plastikbecher mit Wasser und markiere die Höhe des Wasserstandes mit einem Stift. Stelle den Becher in ein Gefrierfach. Was wird passieren? Vermute und probiere es aus.

Seite 102

# Der Wasserkreislauf

Die Sonne treibt den Wasserkreislauf an. Wenn sie scheint, erwärmt sie die Erdoberfläche. Vor allem über Flüssen und Seen und über dem Meer verdunstet durch die Wärme Wasser. Verdunsten bedeutet, dass aus Wasser Wasserdampf wird. Die Wasserteilchen steigen mit der warmen Luft nach oben. In den kühleren Luftschichten kühlen sie ab und kondensieren zu winzigen Wassertröpfchen. Diese verdichten sich zu Wolken. Wenn die Tröpfchen zu schwer werden, fallen sie als Regen oder Schnee auf die Erde zurück.

Der Niederschlag versickert im Boden und sammelt sich dort, wo er auf eine undurchlässige Schicht trifft (Grundwasser). Wo das Wasser an die Oberfläche kommt, entsteht eine Quelle. In Bächen und Flüssen fließt das Wasser dann ins Meer. Es gibt aber auch viele Stellen, an denen das Wasser nicht versickern kann, z. B. auf Straßen und Parkplätzen. Dort verdunstet es direkt. Oder die Niederschläge landen in Gewässern und der Kreislauf beginnt neu.

**1** Lies dir die Informationen über den Wasserkreislauf durch. Schreibe dir wichtige Begriffe auf ein Blatt. Erkläre dann mithilfe der Stichworte einem anderen Kind, wie der Wasserkreislauf funktioniert.

**2** Warum spricht man von einem Wasserkreislauf? Erkläre.

**3** Welche Bedeutung hat der Wasserkreislauf für unser Leben?

## Versuche zum Wasserkreislauf

Auch unsere Pflanzen sind an der Verdunstung beteiligt. Dies zeigt dir der folgende Versuch.

**Ihr braucht:** 1 Blattpflanze, 1 große durchsichtige Plastiktüte, 1 Schnur, 1 Gießkanne mit Wasser

**So geht es:**
1. Stülpt die Plastiktüte über die Pflanze.
2. Schnürt die Tüte knapp über der Erde vorsichtig zu, sodass keine Luft an die Pflanze gelangen kann.
3. Gießt die Pflanze kräftig mit Wasser. Stellt sie in die Sonne und wartet ein paar Stunden.

**4** Probiert den Versuch in Gruppen aus und schreibt eure Beobachtungen auf.

Seite 103

So funktioniert das Verdampfen, Kondensieren und Regnen:

**5** Erkläre, was bei dem Versuch passiert.

Unser Boden besteht aus verschiedenen Schichten. Bei diesem Versuch findest du heraus, was mit dem Wasser in den einzelnen Schichten geschieht.

**Ihr braucht:** 4 durchsichtige Plastikgefäße, Humus, Sand, Lehm/Ton, Kies, 4 große Gläser, Wasser

**So geht es:** Bohrt in den Boden der Gefäße jeweils ein Loch, das ungefähr so groß wie ein Strohhalm ist. Füllt je ein Gefäß mit einem Material und stellt es auf ein Glas. Gießt Wasser in die Gefäße.

**6** Führe den Versuch gemeinsam mit einem anderen Kind durch. Schreibt erst eure Vermutungen und dann eure Beobachtungen auf.

Seite 103

# Wasser zum Leben

Ohne Wasser können wir nicht leben, schon nach wenigen Tagen würden wir verdursten. Wasser ist unser wichtigstes Lebensmittel! Im Alltag brauchen wir auch für viele Tätigkeiten Wasser. Der Wasserverbrauch pro Kopf und Tag in Deutschland beträgt ca. 130 Liter, das sind 13 Putzeimer voll Wasser. Wir verwenden immer Trinkwasser, obwohl das Wasser für viele Zwecke eigentlich nicht so sauber sein müsste.

Seite 99
1. Wo hast du heute schon Wasser gebraucht?
2. Wozu brauchen wir noch Wasser? Erstelle dazu eine Mindmap.

Seite 101
3. Bei welchen Tätigkeiten benötigen wir kein Trinkwasser? Markiere sie in deiner Mindmap.

4. Wie viel Liter Wasser brauchen wir für die Körperpflege (Waschen, Toilette, Zähneputzen) und für das Kochen? Recherchiere.

Seite 99
Seite 105
5. Wie können wir Wasser sparen? Gestaltet gemeinsam ein Plakat mit Tipps.

Skihalle in Dubai

Hotel in Las Vegas

Golfplatz in der Wüste von Ägypten

Seite 99
6. Wie ist das Klima in diesen Regionen? Recherchiere.
7. Was ist deine Meinung zu diesen Orten in Bezug auf Wasserverbrauch? Warum werden solche Orte gebaut? Diskutiert in der Klasse.

## Virtuelles Wasser

Wir brauchen nicht nur im privaten Bereich sehr viel Wasser, sondern auch zur Gewinnung und Herstellung von Lebensmitteln und Gebrauchsgegenständen (ca. 700 Liter pro Tag und Person, was ungefähr fünf vollen Badewannen entspricht). Man nennt dies das versteckte oder virtuelle Wasser, da es im Endprodukt nicht enthalten oder sichtbar ist. Bei der Herstellung eines Autos werden ca. 450 000 Liter Wasser benötigt. Um ein Baumwollshirt zu produzieren, werden 2 000 Liter gebraucht. Für ein Glas Milch müssen 250 Liter Wasser verwendet werden. Auch für den Anbau von Früchten und die Haltung von Tieren, z. B. Kühen, wird Wasser gebraucht.

**1** Was bedeutet der Begriff „virtuelles Wasser"?

Die Kinder diskutieren, wie man auch beim virtuellen Wasserverbrauch sparen kann.

> Zu klein gewordene T-Shirts schmeiße ich weg.

> Ich esse besonders viel Fleisch, weil dafür kein Wasser verbraucht wird.

> Zu klein gewordene T-Shirts gebe ich an andere weiter.

> Ich trinke keine Milch mehr, weil für die Erzeugung zu viel Wasser verbraucht wird.

**2** Was hältst du von den Aussagen? Diskutiert in der Gruppe.
**3** Recherchiere, wofür bei der Produktion eines T-Shirts 2 000 Liter Wasser gebraucht werden.

Seite 99

# Wasserverschmutzung

1. Überlegt gemeinsam, wie ihr zu Hause und in der Schule Wasser verschmutzt.
2. Auch durch die Landwirtschaft und Industrie wird unser Wasser verschmutzt. Schau dir die Bilder an und überlege, was die Folgen sein können.
3. Probiere den folgenden Versuch mit anderen Kindern gemeinsam aus. Schreibt eure Beobachtungen auf.

Seite 103

Schmutziges Wasser kann wieder gereinigt werden, wie du bei diesem Versuch feststellen kannst.
**Material:** 1 Filtertüte, 1 Einmachglas, 4 leere Joghurtbecher, 3 Esslöffel Erde für jeden Becher, Kies und Sand, schmutziges Wasser (z. B. vom Abwasch)
**So wird's gemacht:** Bohrt in jeden Becher ein Loch und füllt jeweils ein Material in einen Becher hinein. In einen Becher steckt ihr den Filter. Stellt die Becher übereinander: erst die Erde, dann den Kies und dann den Sand. Ganz unten steht der Becher mit der Filtertüte und darunter das Einmachglas.
Nun gießt das schmutzige Wasser von oben auf die Erde.
ACHTUNG: Bitte das Wasser nicht trinken!

Das Abwasser aus den Häusern gelangt bei uns über ein Kanalsystem unter der Erde in die Kläranlagen. Dort kann es nach einem Reinigungsprozess wieder als sauberes Wasser in Flüsse und Bäche zurückfließen.

4. Informiere dich, wie eine Kläranlage funktioniert. Berichte.

## Wasserschutz

Laut dem Kinderhilfswerk UNICEF stirbt alle 15 Sekunden ein Kind durch verschmutztes Trinkwasser. Aber auch fehlende Sanitäreinrichtungen und mangelnde Hygiene sind für die hohe Zahl verantwortlich. 99% dieser vermeidbaren Todesfälle entfallen auf Entwicklungsländer, vor allem auf das südliche Afrika und Südasien.

Sauberes Wasser ist auch bei uns nicht grenzenlos vorhanden. Deshalb müssen wir nicht nur sorgsam damit umgehen, sondern auch unsere Umwelt und vor allem die Gewässer schützen, denn sie spielen eine wichtige Rolle im Wasserkreislauf. Wenn es keine Pflanzen oder Gewässer mehr gibt, kann kein Wasser mehr verdunsten, es entstehen keine Wolken mehr und die Niederschläge bleiben aus.

1. Wie wird das Trinkwasser vor allem in Entwicklungsländern verschmutzt? Recherchiere.
2. Warum müssen wir unsere Gewässer schützen?
3. Was bedeutet dieses Schild? Wo hast du es schon einmal gesehen?
4. Wie können wir unsere Gewässer schützen?
5. Manche Menschen sagen: „Wasser ist wertvoller als Gold." Diskutiert diese Aussage in der Klasse.

Seite 99

Wasser-Schutzgebiet

## Ich kann jetzt

... Fragen zum Thema Wasser formulieren und mithilfe von Versuchen Antworten finden.

... den Wasserkreislauf erklären.

... aufzählen, wozu wir Wasser brauchen, und Möglichkeiten nennen, Wasser zu sparen.

... nachvollziehen, wie wichtig Wasser für uns ist.

## Ich denke weiter

Wie lange überleben Tiere ohne Wasser?

Was bedeutet dieses Schild?

# 10 Karten lesen und verstehen

MODELL Maßstab 1:25

Maßstab 1:32

32,99

Stadtplan mitbringen

Wanderführer + Karte
**Bayerischer Wald**
50 Touren
von Bernhard Pollmann
- Tourenkarte zum Mitnehmen
- GPX-Daten zum Download

Kinderwelt

nur 14,99

Kinderglobus jetzt im Angebot!

# Kartenzeichen lesen

Die Kinder der Klasse 4a möchten von Neustadt aus einen Ausflug machen und auf den Rauhen Kulm steigen. Mit einer Wanderkarte planen sie ihren Weg. Da ein Kind im Rollstuhl sitzt, müssen sie überlegen, welcher Weg geeignet ist: a) oder b). Dabei helfen ihnen die Zeichen auf der Karte. Diese sind in der Legende erklärt.

Profilbild

Der Rauhe Kulm ist ein Vulkankegel aus Basalt. Schon 500 Jahre vor Christus lebten hier Menschen. Immer wieder suchen Archäologen nach ihren Spuren. Im Jahr 2013 wurde der Rauhe Kulm zu Deutschlands schönstem Naturwunder gewählt.

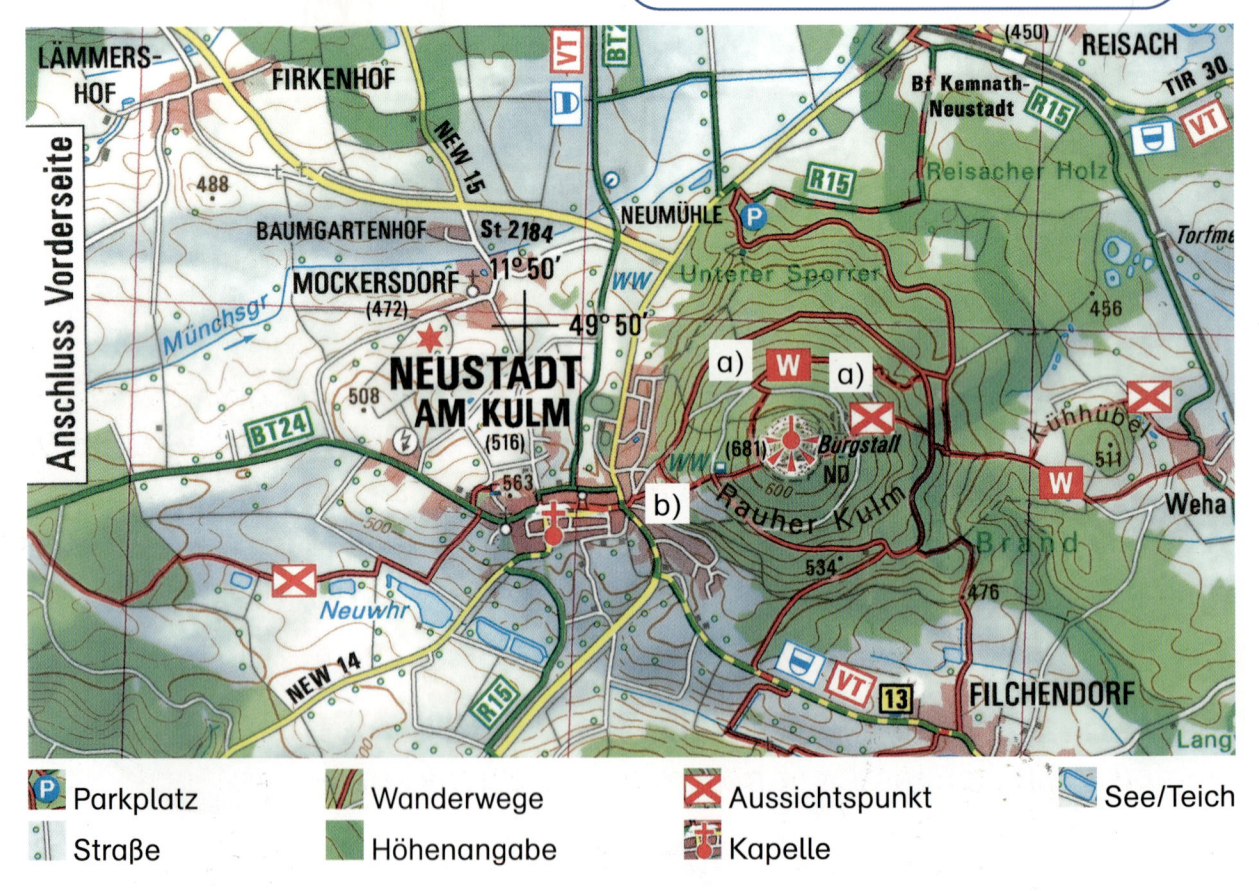

**Legende:**
- Parkplatz
- Wanderwege
- Aussichtspunkt
- See/Teich
- Straße
- Höhenangabe
- Kapelle

1. Wodurch unterscheiden sich die Wanderwege a) und b)? Welcher der beiden eignet sich also am besten für die Klasse?
2. Erkläre die Zeichen der Legende.
3. Vergleiche die Legenden verschiedener Karten miteinander. Tausche dich mit deinem Partner aus. Besprecht mit der Klasse.

# Höhen darstellen

Auf der Karte zum Rauhen Kulm siehst du neben den Kartenzeichen noch viele Linien, die sich um den Berg ziehen. Um diese Linien auf der Karte zu verstehen, hilft es, sich ein Modell dieses Berges anzuschauen. Der Modellberg wird waagerecht in genau gleich dicke Scheiben zerschnitten. Das sind die Höhenschichten.

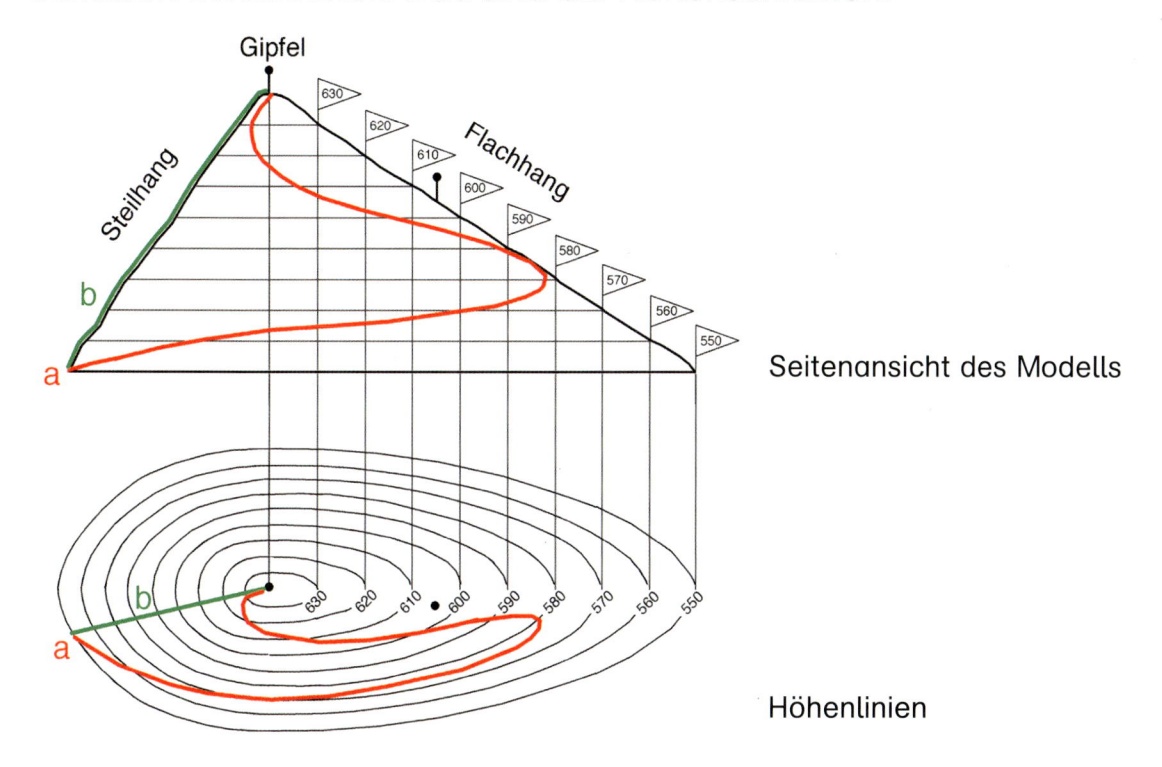

Seitenansicht des Modells

Höhenlinien

Wenn man auf einem weißen Papier jede Schicht mit einem Stift umfährt, erhält man die Höhenlinien. Mithilfe dieser Linien werden Berge auf Karten dargestellt. Zwischen den Linien liegen in diesem Beispiel immer zehn Meter Höhenunterschied. Liegen Höhenlinien auf der Karte eng beieinander, so ist das Gelände steil. Liegen die Höhenlinien weit auseinander, ist das Gelände flacher.

Die Höhe eines Geländes kann auch mit Farben dargestellt werden. Jede Höhenschicht bekommt ihre eigene Farbe.

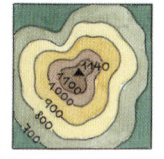

1 Wie werden Berge auf verschiedenen Karten dargestellt? Vergleicht.
2 Wie sieht dieser Berg in Wirklichkeit aus? Beschreibe deinem Partner.
3 Plant mithilfe einer Wanderkarte aus eurer Region eine Wanderung. Warum habt ihr euch für einen bestimmten Weg entschieden?
4 Bei einer Wanderung sollte man achtsam mit der Natur umgehen. Stellt gemeinsam Verhaltensregeln für eine Wanderung auf.

# Der Maßstab

Dinge kann man verkleinert darstellen. Um sie aber im Verhältnis zur Wirklichkeit richtig zu zeigen, braucht man einen Maßstab. Der Maßstab gibt an, um wie viel die Dinge verkleinert dargestellt werden.

Hier ein Bleistift in Originalgröße:

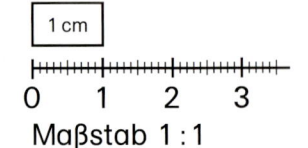

$\boxed{1\,cm}$
0   1   2   3
Maßstab 1:1

Hier der Bleistift verkleinert:

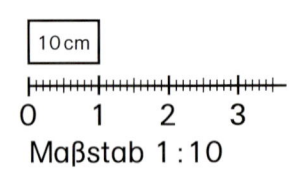

$\boxed{10\,cm}$
0   1   2   3
Maßstab 1:10

Der Maßstab 1:10 (sprich: eins zu zehn) bedeutet, dass der Bleistift 10-fach verkleinert wurde. 1 cm auf diesem Bild entspricht 10 cm in der Wirklichkeit.

Einzelne Gebäude, Orte, ganze Regionen und Entfernungen können mithilfe des Maßstabes in unterschiedlicher Größe auf Karten abgebildet werden.

Fußballstadion
Maßstab 1:8 000

$\boxed{=80\,m}$
$\boxed{8\,000\,cm}$
0   1   2   3
Maßstab 1:8 000

Fußballstadion
Maßstab 1:4 000

$\boxed{=40\,m}$
$\boxed{4\,000\,cm}$
0   1   2   3
Maßstab 1:4 000

**1** Warum muss man auf einer Karte alles verkleinert darstellen?
**2** Miss mit dem Lineal die Länge und Breite der Arena und berechne, wie lang und breit sie in Wirklichkeit ist.
**3** Betrachtet verschiedene Karten (Stadtplan, Umgebungskarte, Deutschlandkarte). In welchem Maßstab wurden sie verkleinert?

# Entfernungen bestimmen

Unten siehst du eine Radwegkarte aus dem Altmühltal. Familie Sezer plant eine Fahrt von Treuchtlingen nach Kelheim. Der Maßstab ist 1:500 000. Familie Sezer möchte vor der Fahrt die Entfernung der gesamten Strecke ermitteln.
Es gibt verschiedene Möglichkeiten, vorher die Entfernung zu bestimmen:

Lege einen Faden vom Start bis zum Ziel möglichst genau auf den Streckenverlauf. Miss die Länge des Fadens und rechne anhand des Maßstabsbalkens um.

Das Global Positioning System (GPS) ermöglicht seinen Nutzern weltweit, einen genauen Standort zu bestimmen. Somit kann man auch Strecken und Entfernungen messen.

Du kannst über das Internet eine passende Karte aufrufen. Hier gibst du deine Route mit Start und Ziel ein. Dann bekommst du eine exakte Kilometerangabe der Strecke und die ungefähre Dauer für einen PKW, ein Fahrrad oder einen Fußgänger.

**1** Berechne die Strecke der Radtour.
**2** Beschreibe die Merkmale einer Radwegkarte.
**3** Berechne Entfernungen auf Karten deiner Region, z. B. die Strecke deines Schulweges.
**4** Besorge dir eine Radwegkarte aus deiner Region und stelle zusammen mit deinem Partner eine eigene Radtour zusammen. Präsentiert eure Ergebnisse der Klasse.

# Naturpark Fichtelgebirge – Tourismusregion in Nordbayern

Das Fichtelgebirge ist ein Mittelgebirge im Nordosten Bayerns. Die hufeisenförmige Gebirgslandschaft liegt im Regierungsbezirk Oberfranken, nahe der tschechischen Grenze. Bis 1989 war der Zugang nach Tschechien gesperrt. Jetzt führen die teilweise dreispurig ausgebaute B 303, eine Staatsstraße und etliche Wander- und Radwege durch das Fichtelgebirge in das Nachbarland.

Großer Waldstein

Im Fichtelgebirge gibt es einige Teiche, Weiher und Stauseen, die für die Fischzucht, für die Wasserversorgung von ehemaligen Mühlen und Hammerwerken, aber auch für Erholungszwecke geschaffen wurden. Als das Erzvorkommen versiegte, wurden die Hammerwerke stillgelegt.

Uranbergwerk bei Weißenstadt

Saalequelle

Weißenstädter See

Der höchste Gipfel ist der Schneeberg mit 1 051 m. Weitere Gipfel sind der Ochsenkopf, die Platte, die Kösseine, der Große Waldstein und der Große Kornberg.

Im Fichtelgebirge entspringen bedeutende Flüsse, die nach allen Himmelsrichtungen abfließen. Deshalb nannte man das Fichtelgebirge früher auch den „Nabel Deutschlands" oder „Herzbrunnen Europas". Ausreichende Quellen versorgen die Einwohner mit Trinkwasser.

Seit dem Mittelalter betrieb man im Fichtelgebirge Bergbau. Abgebaut wurden Minerale, Erden und Steine. Viele Orte, z. B. Arzberg oder Goldkronach, verdanken ihre Entstehung dem Bergbau. Etliche Museen vermitteln einen Einblick in die Bergbaugeschichte. Heute sind die Stollen stillgelegt.

Heute stellt der Tourismus für viele Gemeinden im Fichtelgebirge die Haupteinnahmequelle dar. So hat das Fichtelgebirge im Winter eine überregionale Bedeutung als Wintersportgebiet.

Seite 99

1 Suche das Fichtelgebirge auf einer Bayern- oder Deutschlandkarte.
2 Welche Freizeitmöglichkeiten gibt es im Fichtelgebirge? Recherchiere.
3 Welche Arbeitsplätze gab es früher im Fichtelgebirge, welche gibt es heute? Vergleiche.

# Die Fichtelgebirgsautobahn – ein umstrittenes Projekt

Das Fichtelgebirge wird von drei Bundesstraßen in Ost-West-Richtung durchzogen. Vor allem die B 303 wurde in den letzten Jahrzehnten in verschiedenen Abschnitten dreispurig ausgebaut. Sie ist seit der Grenzöffnung 1990 zu einer stark frequentierten Fernverkehrsstraße geworden. Geplant ist eine zusätzliche Autobahn, die die A9 direkt mit dem Nachbarland Tschechien verbinden soll. Auf der Karte ist ihr möglicher Verlauf rot eingezeichnet.

Hier sind einige Reaktionen von Naturschützern, Gemeinderäten, einer Bürgerinitiative, Bewohnern der Region, dem Staatlichen Bauamt von Bayreuth, dem Bundesverkehrsministerium, dem Tourismusverband und einer LKW-Spedition:

↓ Nürnberg

> Es fahren doch gar nicht so viele PKW und LKW auf dieser Strecke. Da lohnt sich doch keine neue Autobahn.

> Straßenverkehr erzeugt Stickstoff. Der belastet unsere Umwelt: Flussläufe und damit unser Trinkwasser sind in Gefahr!

> Aber wir wollen schnell in unser Nachbarland Tschechien kommen.

> Die Zukunft der Erholungs- und Tourismusregion Fichtelgebirge wird zerstört.

> Die Autobahn würde die Wanderer durch Lärm belästigen.

> Ich muss täglich von Wunsiedel nach Bayreuth zur Arbeit fahren. Ich bin froh, wenn ich schnell dahin komme.

> Im Fichtelgebirge gibt es bereits drei funktionierende, gut ausgebaute Ost-West-Bundesstraßen.

> Eine neue Straße würde 400 bis 600 Millionen Euro kosten.

**1** Ordne die Meinungen nach Pro und Kontra.
**2** Erkläre die Meinungen.
**3** Von wem könnte welche Meinung stammen? Begründe.
**4** Gibt es in deiner Region auch ein umstrittenes Bauprojekt? Informiere dich.

# Landschaftsformen in Deutschland

Die physische Karte von Deutschland zeigt dir vor allem Landhöhen und Gewässer.

Deutschland lässt sich unterteilen in die Alpen, das Alpenvorland, die Mittelgebirge, das Norddeutsche Tiefland und die Inseln. Große Flüsse fließen durch Deutschland. Einige kommen aus den Mittelgebirgen, fließen durch das Tiefland im Norden und münden dann in die Nord- oder Ostsee. Flüsse weiter im Süden münden in die Donau.

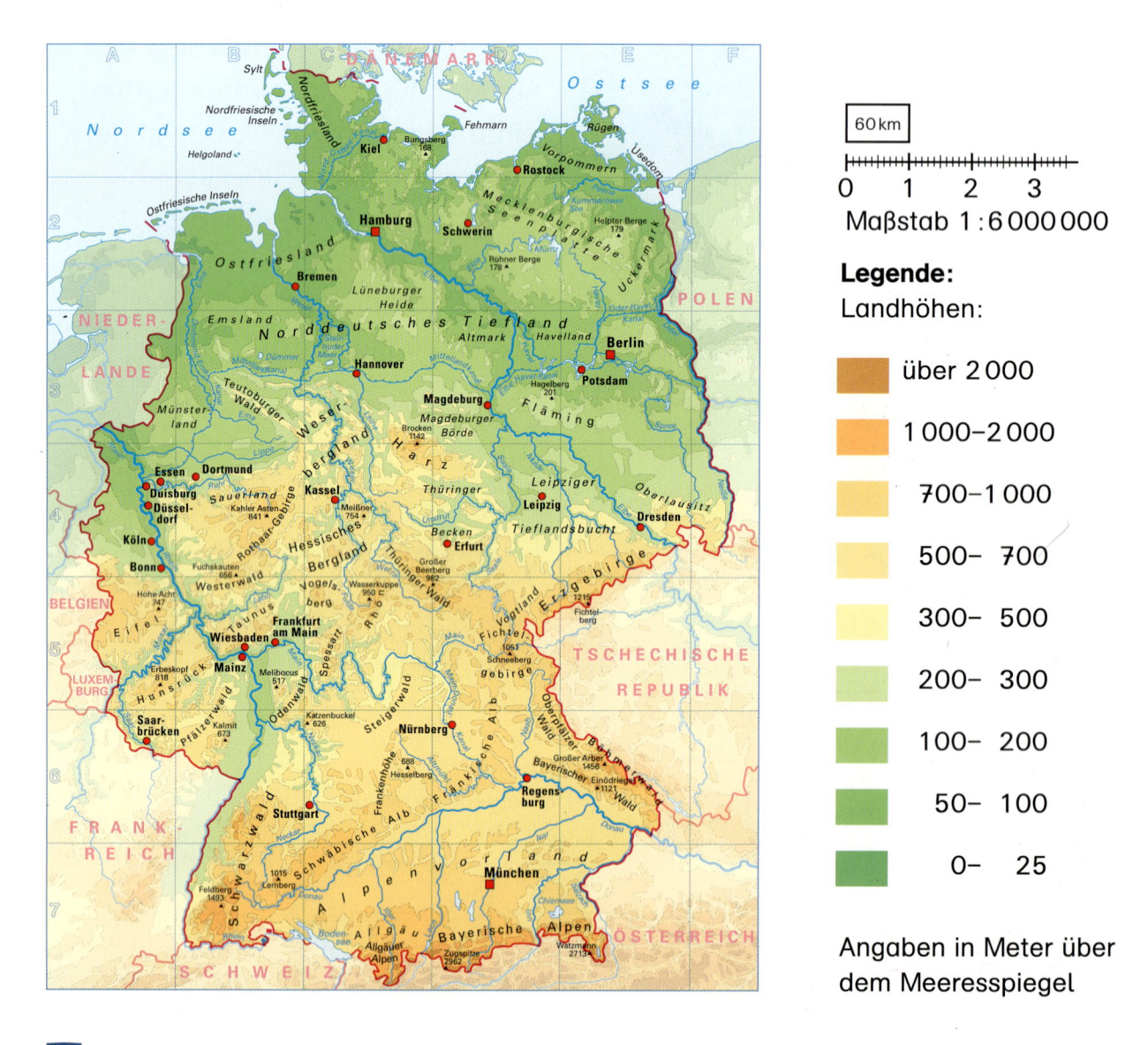

**Legende:**
Landhöhen:

- über 2 000
- 1 000–2 000
- 700–1 000
- 500–700
- 300–500
- 200–300
- 100–200
- 50–100
- 0–25

Angaben in Meter über dem Meeresspiegel

Maßstab 1 : 6 000 000

**1** Verfolge Flussläufe von der Mündung bis ins Meer.
**2** Nenne Mittelgebirge und beschreibe ihre Lage.
**3** Berechne die Länge Deutschlands von der Insel Sylt bis zum Bodensee.
**4** Stellt euch Suchrätsel.

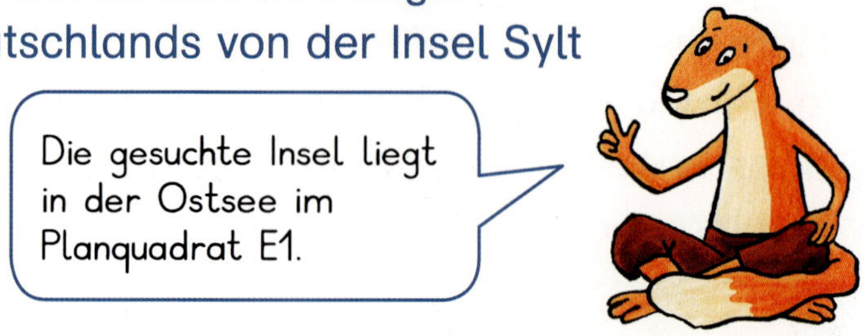

> Die gesuchte Insel liegt in der Ostsee im Planquadrat E1.

# Bundesländer in Deutschland

Die Bundesrepublik Deutschland besteht aus 16 Bundesländern. Bundeshauptstadt ist Berlin. Gleichzeitig ist Berlin aber auch ein eigenes Bundesland. Auch die Städte Hamburg und Bremen sind zugleich Bundesländer. Deutschland hat neun Nachbarstaaten.

**1** Nenne die einzelnen Bundesländer.
**2** Was kannst du aus der Karte über das Bundesland Bayern erfahren? → Seite 106
Notiere zusammen mit deinem Partner.
**3** In welchem Planquadrat liegt ungefähr deine Heimatstadt?
**4** Halte ein Referat über ein Bundesland.

85

# Europa – ein Kontinent

Der Kontinent, auf dem wir leben, heißt Europa. Europa ist ein kleiner Kontinent. Im Norden, im Westen und im Süden wird Europa durch Meere und Ozeane begrenzt. Im Osten grenzt an Europa der Kontinent Asien. Der Ural, ein Gebirgszug in Russland, stellt ungefähr die natürliche Grenze Europas im Osten zu Asien dar.
In Europa gibt es 47 Staaten. Jeder Staat hat eine Hauptstadt. Deutschland liegt ungefähr in der Mitte Europas. Etliche Staaten haben sich zu einer Gemeinschaft zusammengeschlossen: zur Europäischen Union (EU). Zwischen vielen dieser Staaten gibt es keine Grenzkontrollen mehr. Viele Mitglieder der EU haben eine einheitliche Währung, den Euro (€).

**1** Welche Länder Europas liegen am Meer? Stelle deinem Partner weitere Fragen.

**2** Welche Vorteile bietet die EU für die Einwohner der Mitgliedsländer?

# Kontinente der Erde

Die Karte zeigt dir die Kontinente und die Ozeane der Erde. Als Kontinent bezeichnet man größere zusammenhängende Landmassen. Den größten Teil der Erdoberfläche machen die Weltmeere mit ihrem Salzwasser aus. Die Länder Türkei, Russland und Kasachstan liegen auf zwei Kontinenten. Istanbul ist die einzige Stadt der Welt, die gleichzeitig auf den Kontinenten Europa und Asien liegt.

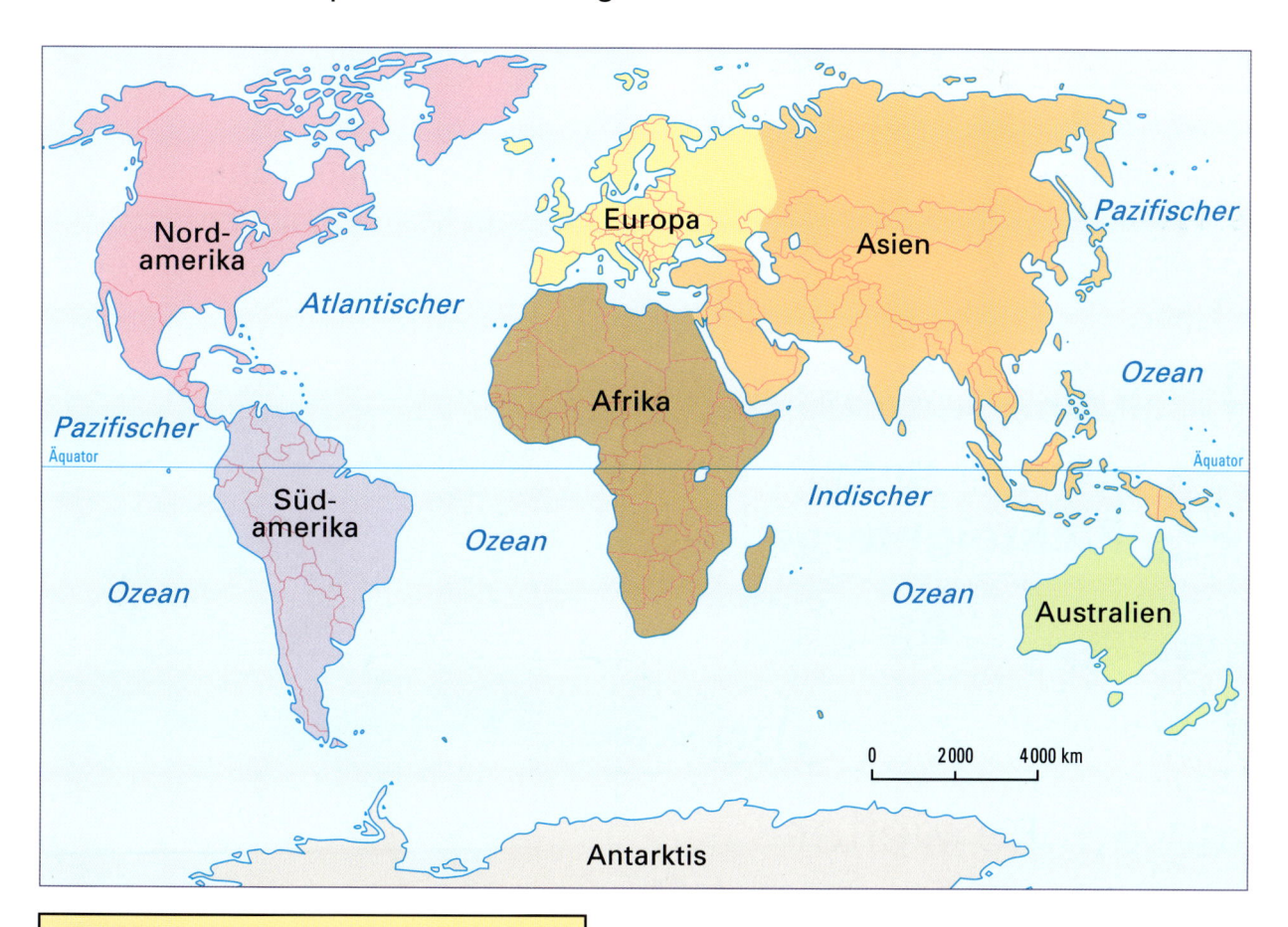

**Europa**
Fläche: 10,5 M km$^2$
Einwohner: 733 Millionen
höchster Berg: Mont Blanc 4810 m
größte Stadt: Moskau
Besonderheit: größte Insel Grönland

1. Was erfährst du in dem Infokasten unter der Karte über den Kontinent Europa?
2. **Recherchiert** interessante Fakten über die anderen Kontinente: Fläche, Einwohnerzahl, höchster Berg, größte Stadt und Besonderheiten.
3. Wie leben Kinder in anderen Ländern der Erde? Informiert euch, dokumentiert eure Ergebnisse und vergleicht sie miteinander.

Seite 99

# Ich kann jetzt

... unterschiedliche Karten lesen.

... Kartenmerkmale berücksichtigen.

... erklären, warum Räume aufgrund bestimmter Interessen (z. B. Mobilität) verändert werden sollen.

... meine Region auf Karten mit kleinem Maßstab finden.

# Ich denke weiter

Wie sind die Kontinente entstanden?

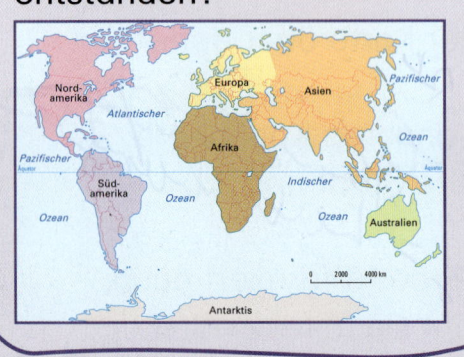

Wo würdest du gerne leben?

# 11 Mobil sein

**SICHERHEIT IM VERKEHR — ACHTE AUF DEN ANDERN**

WIR STEHEN FÜR DEINE SICHERHEIT
DEINE BAYERISCHE POLIZEI · TÜV SÜD · LANDES VERKEHRSWACHT BAYERN

**STOP**

**Stadtwerke Dörfstädt**

Die Stadtwerke Dörfstädt informieren:

Baustelle in der Polarstraße vom 16. Juni bis 20. Juni.

Nordallee · Nordplatz · Polarstraße · Südallee

Die Straße wird halbseitig gesperrt, weil neue Leitungen verlegt werden müssen.

Morgen Helm mitbringen, Jugendverkehrsschule!

# Zeichen regeln den Straßenverkehr

Jeder, der auf der Straße oder dem Gehsteig unterwegs ist, sollte sich mit Verkehrszeichen auskennen.
Sie warnen vor Gefahren, verbieten etwas oder geben Hinweise, die den Verkehr erleichtern. Einige wichtige Zeichen siehst du hier.

Diese Zeichen sind für dich als Radfahrer besonders wichtig:

1. Wie heißen diese Verkehrszeichen? Erkläre deinem Partner, was sie bedeuten.
2. Notiere alle Verkehrszeichen, die auf deinem Schulweg vorkommen.
3. Wie verhältst du dich als Radfahrer bei diesen Zeichen richtig? Erkläre.
4. Welche Verkehrsregeln würdest du noch gern einführen?
   Male ein passendes Verkehrszeichen.

# Sicher im Straßenverkehr

**Verlassen eines Grundstückes**

Ab einem Alter von zehn Jahren dürfen Kinder nicht mehr mit dem Rad auf dem Gehweg fahren. Sie müssen Radwege oder die Straße benutzen.

1 Beschreibe deinem Partner mithilfe der Bilder das richtige Verhalten beim Verlassen eines Grundstückes.
2 Das Kind möchte losfahren. Wie muss es sich verhalten?
3 Was tust du, wenn du in die andere Richtung losfahren möchtest? Erkläre.

**Rechtsfahren mit Sicherheitsabstand**

Abstand zum Fahrbahnrand        Abstand zum Vordermann

4 Beschreibe deinem Partner mithilfe der Bilder, wie du richtig Abstand hältst.
5 Begründe, warum der Sicherheitsabstand notwendig ist.

## Vorbeifahren an Hindernissen

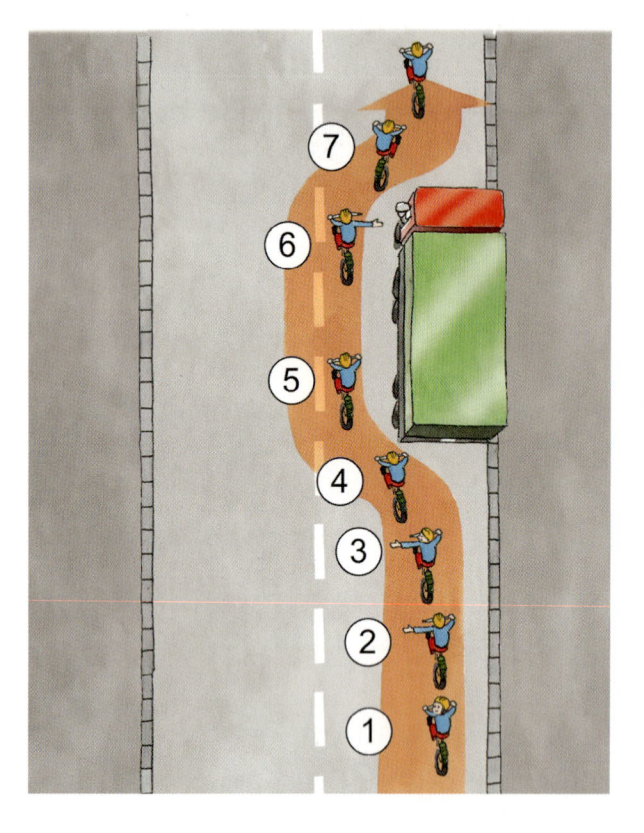

7. wieder rechts einordnen

6. Handzeichen rechts geben

5. mit Sicherheitsabstand am Hindernis vorbeifahren

4. Gegenverkehr beachten

3. noch einmal umsehen und nach links einordnen

2. Handzeichen links geben

1. über die linke Schulter umsehen

**1** Beschreibe deinem Partner das richtige Vorbeifahren an einem Hindernis.

**2** Warum ist es so wichtig, sich umzusehen und Handzeichen zu geben? Begründe.

**3** Wie verhältst du dich in diesen Situationen richtig?

# Rechts vor links

> **StVO § 8**
> An Kreuzungen und Einmündungen hat die Vorfahrt, wer von rechts kommt. Das gilt nicht,
> 1. wenn die Vorfahrt durch Verkehrszeichen besonders geregelt ist oder
> 2. für Fahrzeuge, die aus einem Feld- oder Waldweg auf eine andere Straße kommen.

**1** Lies den Absatz aus der Straßenverkehrsordnung (StVO). Besprich nun die oben gezeigten Verkehrssituationen mit deinem Partner:
- Wer kommt von rechts?
- Wer hat Vorfahrt?
- Wer muss hier warten?

**2** Wie verhältst du dich in diesen Situationen? Begründe.

93

# Vorfahrtregelung durch Verkehrszeichen

An Kreuzungen mit viel Verkehr reicht die Regelung „rechts vor links" nicht aus. Hier regeln Verkehrszeichen die Vorfahrt.

Vorfahrt an der nächsten Kreuzung

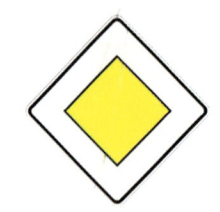

Vorfahrtstraße

Halt! Vorfahrt gewähren

Vorfahrt gewähren

1 Wie verhältst du dich bei diesen Zeichen?
2 Suche auf deinem Schulweg Kreuzungen mit diesen Verkehrszeichen.

**Abknickende Vorfahrt**

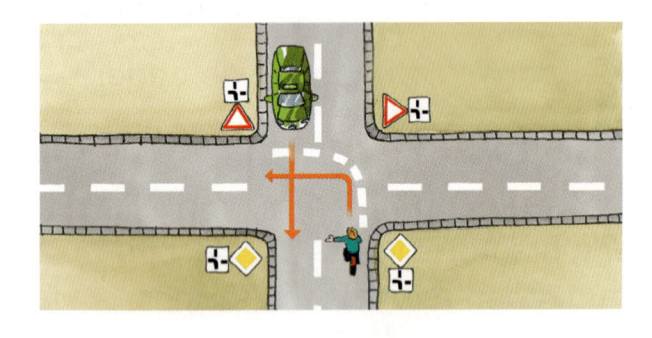

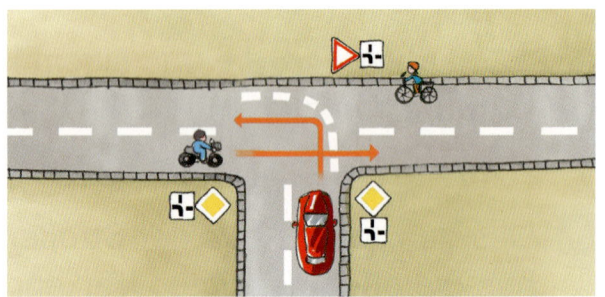

Eine Vorfahrtsstraße verläuft nicht immer gerade. Zusatzschilder zeigen dir den Verlauf der Vorfahrtsstraße an. Auf der Straße kannst du den Verlauf an der dicken, durchbrochenen weißen Linie erkennen.

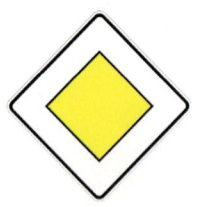

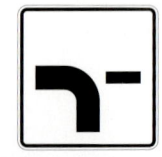

3 Wer hat auf den oben gezeigten Bildern Vorfahrt? Begründe.
4 Wie verhältst du dich, wenn du der abknickenden Vorfahrtstraße nach links folgen willst? Erkläre.

# Ampeln und Polizisten regeln die Vorfahrt

An großen Kreuzungen regeln Ampeln die Vorfahrt. Fällt die Ampelanlage einmal aus, gelten die Verkehrszeichen. Manchmal muss aber auch ein Polizist den Verkehr regeln. Alle anderen Regelungen (rechts vor links, Verkehrszeichen, Ampeln) gelten dann nicht mehr.

Losfahren!

Anhalten! Kreuzung räumen!

Anhalten und warten!

Fertigmachen zum Weiterfahren!

**1** Ordne die Wortkarten den Ampelschaltungen zu.
**2** Spielt in der Gruppe Polizist und übt das richtige Verhalten.

Siehst du Bauch oder Rücken, musst du auf die Bremse drücken. Siehst du seine Hosennaht, hast du freie Fahrt!

**3** Wie verhältst du dich hier?

# Links abbiegen

Wenn du nach links abbiegen willst, musst du besonders gut aufpassen:
- auf die Verkehrsteilnehmer hinter dir,
- auf die Verkehrsteilnehmer, die dir entgegenkommen,
- auf den Querverkehr,
- auf Fußgänger.

Damit du nichts vergisst, musst du diese Regeln einhalten:

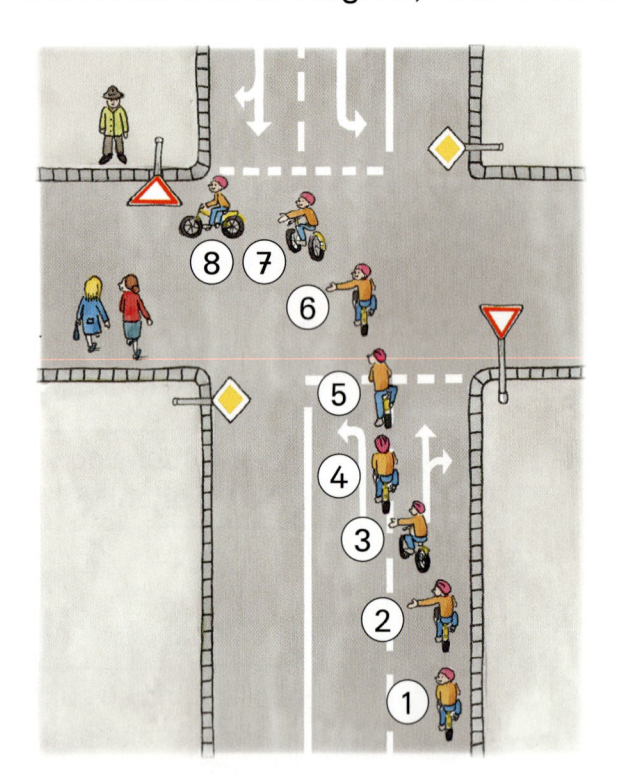

8. auf Fußgänger achten

7. in einem großen Bogen nach links abbiegen

6. noch einmal umsehen

5. den Gegenverkehr durchlassen

4. die Vorfahrtsregelung beachten

3. zur Fahrbahnmitte hin einordnen

2. Handzeichen links geben

1. umsehen

**1** Lerne diese Punkte auswendig.
**2** Übt das Linksabbiegen zu Fuß auf dem Pausenhof.
**3** Wie verhältst du dich beim Linksabbiegen in einer Einbahnstraße?

## Alternatives Linksabbiegen

Wenn du dich an einer Kreuzung unsicher fühlst, gibt es auch noch eine andere Möglichkeit, nach links abzubiegen.

**4** Beschreibe, wie das Kind hier nach links abbiegt.
**5** An welchen Kreuzungen/Einmündungen würdest du alternativ links abbiegen? Begründe.

# Der tote Winkel

Der tote Winkel ist ein Bereich vor oder neben dem LKW oder Bus, den der Fahrer nicht einsehen kann, auch wenn er in den Spiegel schaut. Für Radfahrer und Fußgänger ist es besonders gefährlich, sich in diesem Bereich aufzuhalten.

**1** Was geschieht hier gleich? Erzähle.

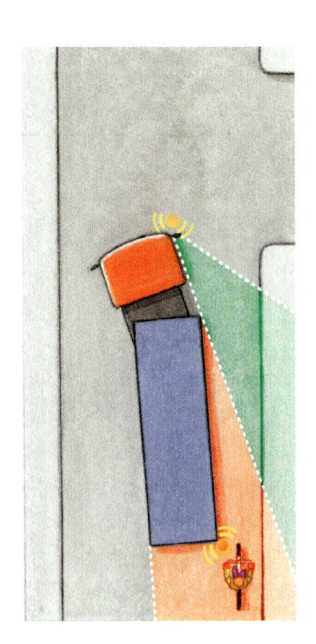

**2** Wie verhältst du dich als Radfahrer richtig? Erkläre.
**3** An welchen Stellen ist bei einem Lkw oder Bus noch ein toter Winkel? Erkundige dich.
**4** Ladet die Polizei zu euch an die Schule ein. Sie kann euch den toten Winkel vorführen.

## Ich kann jetzt

... Verkehrszeichen lesen.

... Sicherheitsregeln anwenden.

... mich an Kreuzungen richtig verhalten.

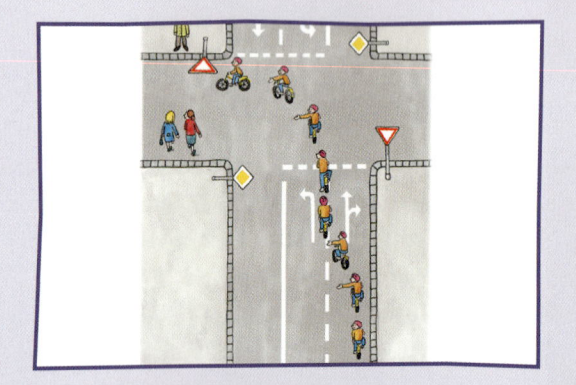

... Gefahrensituationen erkennen und einschätzen.

## Ich denke weiter

Haben alle Länder die gleichen Verkehrsregeln?

Fährt man in allen Ländern auf der rechten Straßenseite?

# Methoden

### Recherchieren

Es gibt verschiedene Möglichkeiten, sich Informationen zu einem Thema zu beschaffen (das nennt man „recherchieren"):

- Du schlägst in einem Wörterbuch, Lexikon, Sachbuch oder in einer Zeitung nach, um z. B. die richtige Schreibweise eines Wortes zu finden oder Informationen zu Menschen, Tieren und Ereignissen zu bekommen.
- Du nutzt im Internet eine Suchmaschine für Kinder.
- Du arbeitest mit Quellen: Sachquellen betrachten, wie z. B. Münzen, oder Zeitzeugen befragen, wie z. B. die Oma.
- Du sammelst vor Ort Informationen, z. B. im Museum, im Rathaus, an einem Denkmal usw.

Wichtig ist, dass du die gesammelten Informationen immer auf ihren Wahrheitsgehalt überprüfst. Dazu kannst du z. B. auf anderen Internetseiten (Kindersuchmaschinen) oder in Büchern nachschauen und vergleichen.

### Eine Mindmap anlegen

Mit einer Mindmap ist es möglich, zu einem neuen Thema oder einer Frage schnell und einfach seine Gedanken aufzuschreiben und Ideen zu sammeln, um sich später wieder daran erinnern zu können.

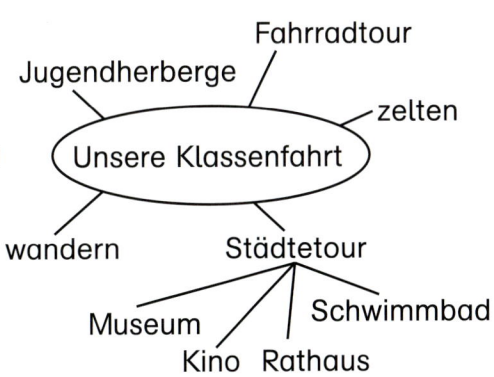

So gehst du vor:
- Schreibe in die Mitte das Thema. Kreise das Thema ein.
- Vom Thema kannst du verschiedene Äste abgehen lassen (siehe Bild). An jeden Ast schreibst du ein Stichwort, das zum Thema passt.
- Von jedem Ast können weitere Äste abgehen, auf die du alles schreibst, was dir zu den Begriffen einfällt.

# Methoden

**Zeitzeugen befragen**

Wenn du etwas über ein Ereignis der Vergangenheit erfahren willst, kannst du Augen- oder Ohrenzeugen zu ihren Erinnerungen befragen.

So gehst du bei deiner Befragung vor:

1. Wählt einen Zeitzeugen aus, der etwas über die betroffene Zeit weiß, und holt euch sein Einverständnis für die Weitergabe des Gesagten ein. Wählt einen passenden Ort und Zeitpunkt für die Befragung aus. Formuliert vor dem Treffen Fragen zum Thema und bereitet einen Fragenkatalog vor. Eignet euch Vorwissen zum Thema an, damit ihr nachfragen könnt.

2. Stellt euch zu Beginn eurem Gesprächspartner vor. Pro Zeitzeuge solltet ihr maximal 5 Befrager sein, die verschiedene Aufgaben übernehmen (Fragen stellen, Diktiergerät bedienen, Stichpunkte mitschreiben …). Bleibt freundlich und sachlich, lasst euer Gegenüber ausreden und bedankt euch am Ende der Befragung.

3. Vergleicht die verschiedenen Zeitzeugenberichte mit anderen Quellen. Präsentiert eure Ergebnisse.

**Ein Interview führen**

Wenn du Antworten auf Fragen bekommen möchtest, kann dir auch ein Interview weiterhelfen. Dabei befragst du Experten, die besonders viel über eine Sache wissen, z. B. Erwachsene, die sich in ihrem Beruf oder in ihrer Freizeit mit einer Sache beschäftigen. Auch Kinder können Experten sein, z. B. für ihr Hobby, ihr Lieblingsbuch oder ihren Wohnort. Hier gehst du ähnlich vor wie bei einer Zeitzeugenbefragung.

1. In der Vorbereitung wählst du geeignete Experten aus und vereinbarst einen Ort und einen Termin. Deinen Fragenkatalog bereitest du gut vor.

# Methoden

2. Vor dem Interview stellst du dich vor, während du deine Fragen stellst bleibst du freundlich und sachlich. Nutze ein Diktiergerät und fertige Notizen an.

3. Bei der Auswertung sortierst du die gewonnenen Informationen, wählst diejenigen aus, die du zur Beantwortung deiner Frage brauchst und präsentierst deine Ergebnisse.

**Einem Text Informationen entnehmen**

Im Heimat- und Sachunterricht hast du mit Sachtexten zu tun. Aus diesen kannst du verschiedene wichtige Informationen gewinnen.

So gehst du dabei vor:
1. Lies dir den Text genau durch, um einen Überblick zu erhalten.
   Überschrift und Untertitel verraten dir viel über den Inhalt. Meist gibt die Einleitung einen guten Überblick und am Textende wird das Wichtigste zusammengefasst.

2. Kläre unbekannte Wörter mithilfe des Lexikons oder Wörterbuches. Du kannst auch jemanden fragen, der sich auskennt.

3. Lies dir den Text noch einmal durch. Markiere dabei wichtige Wörter und Sätze, in dem du sie mit Textmarker einkreist, unterstreichst oder markierst und dabei verschiedene Farben verwendest. Achte darauf, nicht zu viel zu markieren, sonst wird es unübersichtlich.
   Achtung: Du darfst nicht in Schulbücher oder fremde Bücher schreiben oder malen!

4. Fasse den Inhalt mithilfe von Stichworten zusammen.
   Stichworte sind nur einzelne, wichtige Worte, die dir helfen, wenn du dir wichtige Informationen aus einem Text merken willst. Sie helfen dir auch, wenn du diese Informationen an andere weitergeben willst. Manchmal kannst du Informationen auch mithilfe von (Schau-)Bildern oder Skizzen zusammenfassen.

# Methoden

**Beobachten/Langzeitbeobachtung**

Wenn du etwas genau beobachtest, kannst du sehen, wie es sich verändert. Du kannst Menschen, Tiere, Pflanzen, das Wetter und vieles mehr beobachten. Sehr langsame Veränderungen, wie z. B. die Entwicklung vom Froschlaich zum Frosch, musst du über einen längeren Zeitraum beobachten. Hier spricht man von einer **Langzeitbeobachtung**.

So gehst du vor:
- Verwende Hilfsmittel: z. B. Lupe, Becherlupe, Fernglas, Mikroskop usw.
- Dokumentiere deine Beobachtungen: z. B. notiere, fertige eine Sachzeichnung an, fotografiere, lege eine Tabelle an usw.

An diesem Beispiel siehst du, wie du deine Beobachtungen in einer Tabelle festhalten kannst:

| Datum | Beobachtung | Bild |
|---|---|---|
| 3. April | Froschlaich am Teich entdeckt | |
| 10. April | Kleine Kaulquappen im Ei | |
| ... | ... | |

# Methoden

**Einen Versuch/ein Experiment durchführen**

Manchmal führen Beobachtungen zu Fragen, auf die man die Antwort noch nicht weiß. Man kann aber eine Vermutung äußern.

*Warum schwimmt das Schiff?*

*Ich glaube, das hat was mit der Form zu tun.*

Eine Vermutung kannst du mit einem Versuch überprüfen. Ein solcher Versuch wird auch **Experiment** genannt.

*Ich versuche mal, ob die Knete in einer anderen Form schwimmt.*

*Die Knetkugel sinkt.*

Das Ergebnis des Versuchs oder des Experiments vergleichst du mit der Vermutung: Wurde die Vermutung bestätigt oder widerlegt?

*Die Knete schwimmt, wenn ...*

*Stimmt, wenn man die Form ...*

Das Ergebnis kannst du auf andere Beispiele übertragen:

*Ist das bei Metall auch so?*

Ein Experiment hat immer den gleichen Ablauf. Daher kann es jede andere Person zu jeder Zeit durchführen. Die Ergebnisse sind also überprüfbar.

**Die Schritte: 1. Fragestellung, 2. Vermutung,**
**3. Versuchsdurchführung mit Beobachtung, 4. Ergebnis**

# Methoden

**Ergebnisse dokumentieren**

Wenn du einen Text liest, einen Film schaust, einen Podcast hörst oder im Internet recherchierst, kannst du Informationen erhalten, um Fragen zu beantworten und Aufgaben zu bearbeiten.
Damit diese Informationen, die auch als Ergebnisse bezeichnet werden, nicht verloren gehen und vergessen werden, solltest du sie irgendwo festhalten. Das nennt man auch dokumentieren.

Dokumentieren kannst du, indem du z. B.
- eine Stichwortliste schreibst,
- eine Tabelle anlegst,
- eine Zeichnung anfertigst,
- ein Lernplakat gestaltest,
- Fotos machst,
- ein Schaubild gestaltest,
- eine Zeitleiste anfertigst,
- einen Text schreibst.

Achte darauf, dass du nur die wichtigsten Informationen festhältst. Außerdem sollte die Darstellung auch übersichtlich und leicht verständlich sein.

Wenn du die Dokumentation nicht nur für dich selbst machst, sondern sie auch für einen Vortrag oder eine Präsentation nutzen möchtest, musst du dir vorher überlegen, wie du sie ansprechend gestaltest.
Durch eine gute Gestaltung haben die Zuhörer zusätzlich zu dem Vortrag auch noch eine bildliche oder textliche Darstellung, um den Inhalt besser zu verstehen.

# Methoden

### Ein Lernplakat gestalten

Mit einem Lernplakat kannst du andere darüber informieren, was du über ein Thema herausgefunden und gelernt hast. Dein Plakat kann für längere Zeit im Klassenraum ausgestellt werden.
Informationen über ein Thema erhältst du durch Recherchieren und Nachschlagen. Nutze dafür Lexika, Sachbücher, Karten, Internetseiten und Befragungen.

So gestaltest du ein Lernplakat:
- Formuliere eine Überschrift für das Thema.
- Nimm nicht zu viele Informationen auf das Plakat, sondern nur das Wichtigste.
- Ordne Sätze, Stichpunkte und Abbildungen übersichtlich an.
- Achte darauf, dass alle Angaben richtig sind.
- Schreibe nicht direkt auf das Plakat, sondern auf Zettel (zum Beispiel aus Tonpapier). Klebe diese dann auf.

### Eine Zeitleiste erstellen

Mit einer Zeitleiste kann man sich einen Überblick über Ereignisse in einem bestimmten Zeitraum verschaffen. Willst du zum Beispiel Ereignisse aus der Geschichte deines Heimatortes zeitlich ordnen, kannst du sie mit einer Zeitleiste übersichtlich darstellen.
- Sammle Bilder, Texte, Karten und weitere Informationen zu diesen Ereignissen.
- Bringe alles in die richtige zeitliche Abfolge: Was geschah am Anfang, was später?
- Zeichne auf ein großes Blatt einen Pfeil von links nach rechts.
- Unterteile den Pfeil dann in Epochen und trage Jahreszahlen ein.
- Ordne dein Material den Jahreszahlen in der Zeitleiste zu. Klebe es auf.
- Beschrifte das Material.

# Methoden

**Mit Karten arbeiten**

Willst du dich in einem fremden Raum orientieren, benötigst du z. B. Karten. Um diese richtig lesen und verstehen zu können, musst du Folgendes wissen:

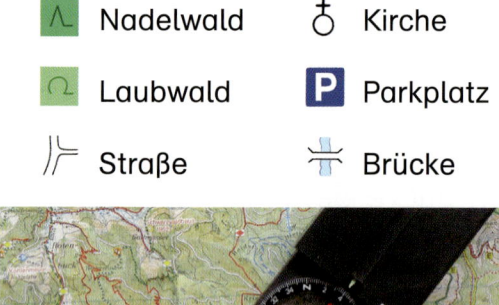

- Bevor du die Karte liest, musst du die Legende genau betrachten. Hier werden dir Zeichen/Symbole und Farben auf der Karte erklärt.

    | | | | |
    |---|---|---|---|
    | 🏛 | Gebäude | 〜 | Fluss |
    | ⋏ | Nadelwald | ☦ | Kirche |
    | ◠ | Laubwald | P | Parkplatz |
    | ⫞ | Straße | ⫵ | Brücke |

- Auf einer Karte ist „oben" immer Norden. Norde die Karte mithilfe eines Kompasses ein.

- Willst du die genaue Lage eines Ortes auf der Karte nennen, hilft dir das Suchgitter. Es besteht aus vielen Planquadraten, die mit Buchstaben und Zahlen gekennzeichnet sind, z. B. B 4.

    | | A | B | C | D | E | F |
    |---|---|---|---|---|---|---|
    | 1 | | | | | | |
    | 2 | | | | | | |
    | 3 | | | | | | |
    | 4 | | x | | | | |

- Auf Karten muss alles verkleinert dargestellt werden. Um wie viel die Wirklichkeit in einer Karte verkleinert ist, gibt entweder
    - der Zahlenmaßstab (z. B. 1 : 1 000) oder
    - der Maßstabsbalken an.

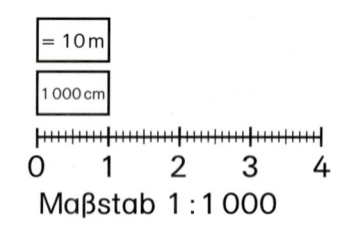

    ☐ = 10 m
    
    1 000 cm
    
    0  1  2  3  4
    
    Maßstab 1 : 1 000

- Höhen werden auf Karten entweder durch Höhenlinien oder durch Farben dargestellt.

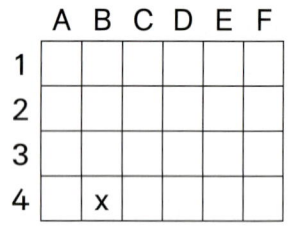

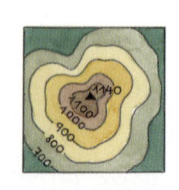

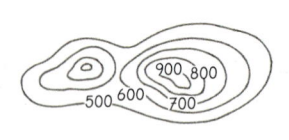

- Verwende für verschiedene Themen (Radfahren, Wandern, Straßenbahnfahren, Orientieren in der Stadt …) unterschiedliche Karten. Man nennt sie thematische Karten.

# Stichwortverzeichnis

| | |
|---|---|
| **a**bknickende Vorfahrt | 94 |
| Aggregatszustände | 69 |
| Amphibien | 48 |
| Amt, Ämter | 6, 7 |
| Anpassung | 52 |
| auskragen | 42 |
| | |
| **B**alancegerät | 44, 45 |
| Balkenwaage | 44 |
| Befruchtung | 53 |
| Bestäubung | 50 |
| Biohaltung | 31 |
| Biosiegel | 34 |
| Blutdruck | 65 |
| Bodenhaltung | 31 |
| Brauch, Bräuche | 10, 11, 39 |
| Bundesländer | 85 |
| Bürger | 7 |
| Bürgermeister | 7 |
| | |
| **D**emokratie | 7 |
| Denkmal | 35, 38 |
| | |
| **E**i | 30, 31, 53, 54 |
| Eigenschaften | 58 |
| Entwicklung | 53 |
| Erste Hilfe | 57, 64 |
| Erster Weltkrieg | 36 |
| Erzeugercode | 30 |
| Europäische Union | 86 |
| | |
| **F**abrikarbeit | 14, 16, 17 |
| Fest, Feste | 10, 39 |
| Fingerkuppenverband | 65 |
| Flurbereinigung | 55 |
| Flussbegradigung | 55 |
| Freilandhaltung | 31 |
| Frosch | 48, 52, 53 |
| | |
| **G**efühl, Gefühle | 62, 63 |
| Gemeinde, Gemeinderat | 6, 7, 8, 9 |
| Gemüse | 32, 33 |
| Geschlechtsorgan | 58 |
| Gewässer | 48, 49, 50, 51, 53, 54, 55, 70, 75 |
| Gewässerschutz | 55 |
| | |
| **H**andarbeit | 14, 19 |
| historische Feste | 39 |
| Höhendarstellung | 79, 106 |
| Hühnerei | 30, 31 |
| | |
| **I**ndustrialisierung | 14, 15, 16 |
| Industrie | 16, 17 |
| | |
| **J**ahreslauf | 32 |
| Jahreszeit | 32, 33 |
| Jahrhundert | 37 |
| Jahrzehnt | 37 |
| | |
| **K**äfighaltung | 31 |
| Kältestarre | 52 |
| Kartenmesser | 81 |
| Kartenzeichen | 78, 79 |
| Kaulquappe | 53 |
| Kirchweih | 39 |
| Konstruktion | 43 |
| Kontinent | 86, 87 |
| Krötenwanderung | 54 |
| | |
| **L**agerung | 32 |
| Laich | 53, 54 |
| Laichgewässer | 54 |
| Landschaftsformen | 84 |
| Lebensmittel | 33, 72 |
| Lebensraum | 48, 49, 50, 52, 55 |
| Legende | 78, 105 |
| Lotuseffekt | 56 |
| Lunge | 53 |
| | |
| **M**ädchen | 58, 59 |
| Maschine | 14, 15, 16, 17, 18, 19, 36 |
| Massenproduktion | 16, 17 |
| Maßstab | 80, 81, 106 |
| Molkerei | 28, 29 |
| | |
| **N**achhaltigkeit, nachhaltig handeln | 24, 25 |
| Nasenbluten | 65 |
| Naturdenkmal | 38 |
| Naturpark | 88 |
| Naturschutz, Naturschützer | 53, 54, 83 |
| Notruf | 64 |

# Stichwortverzeichnis

| | | | |
|---|---|---|---|
| **O**bst | 32, 33 | **t**oter Winkel | 97 |
| ökologische Kosten | 33 | Tourismus | 82, 83 |
| Ozean | 86, 87 | Tradition | 11, 39 |
| | | Transportweg | 29, 33 |
| **p**asteurisieren | 28 | | |
| Pflasterwundverband | 65 | **ü**berregional | 33 |
| physische Karte | 84 | Umweltschutz | 24, 25 |
| Produktion | 14, 16, 17, 28, 29, 31, 33 | | |
| | | **V**erbandskasten | 64 |
| **Q**uelle | 38, 99 | Verbraucher | 33 |
| | | Verkehrszeichen | 90, 93, 94, 95 |
| **R**ahm | 28, 29 | Verletzung, verletzen | 64, 65 |
| Rechtsfahren | 91 | Versuch | 51, 68, 71, 74, 102 |
| rechts vor links | 93, 94, 95 | virtuelles Wasser | 73 |
| regional | 32 | Vorfahrt | 93, 94, 95, 96 |
| Renaturierung | 55 | | |
| Reptilien | 48 | **W**achstumsbedingung | 51 |
| Rohmilch | 28 | Wahl, Wahlen | 7 |
| Rohstoffe | 15, 25, 29 | Wappen | 85 |
| | | Wasserkreislauf | 70, 71, 74, 75 |
| **S**aisonkalender | 32 | Wasserlinse | 49, 51 |
| Samen, Samenzelle | 50, 53 | Wasserverbrauch | 72, 73 |
| Sauerstoff | 50 | Wasserverschmutzung | 74, 75 |
| Seerose | 50 | Werbung | 22, 23 |
| Sicherheitsabstand | 91, 92 | Wunde | 65 |
| Spielplatz | 8 | | |
| Staaten | 85, 86 | **Z**eitzeugen | 37, 100 |
| Standort | 81 | Zentrifuge | 28 |
| Straßenverkehrsordnung | 93 | Zweiter Weltkrieg | 16, 36, 37, 38 |
| | | Zwischenprodukt | 28 |